DEN VÄSENTLIGA FIGON KOOKBOKEN

Lås upp potentialen hos fikon genom 100 recept för varje tillfälle

Johnny Claesson

Copyright Material ©2024

Alla rättigheter förbehållna

Ingen del av denna bok får användas eller överföras i någon form eller på något sätt utan korrekt skriftligt medgivande från utgivaren och upphovsrättsinnehavaren, förutom korta citat som används i en recension. Den här boken bör inte betraktas som en ersättning för medicinsk, juridisk eller annan professionell rådgivning.

INNEHÅLLSFÖRTECKNING

INNEHÅLLSFÖRTECKNING **3**
INTRODUKTION **6**
FRUKOST **7**
   1. Getost Och fikonmunkar 8
   2. Fikon Hasselnötsmjölk 10
   3. Fikon Och Valnöt Frukost Parfait 12
   4. Fikonfrukostvåfflor 14
   5. Fikon Och Honung Yoghurtskål 16
   6. Fikontoaster 18
   7. Fikon- Och Getostomelett 20
   8. Fikon Biscotti 22
   9. Fig Och Prosciutto Frukostpizza 25
   10. Fikonsyltmuffins 27
   11. Havre för fikon och mandel över natten 30
   12. Fikon Och Ricotta Fyllda French Toast 32
   13. Fikon Och Spenat Frukost Wrap 34

SNACKS OCH APTITRETARE **36**
   14. Valnöt, fikon och Prosciutto Crostini 37
   15. Fig Shortcakes 39
   16. Grillade kantareller och prosciutto-lindade fikon 41
   17. Fig Fritters 43
   18. Fylld Fig 45
   19. Fikon Och Valnöt Dulse Tryffel 47
   20. Kryddig fikon- och valnötshjul 49
   21. Fikon kokosbollar 52
   22. Fikon Och Getost Crostini Med Honung 54
   23. Fikon Och Prosciutto Grillspett 56
   24. Fikon Och Blåmögelost Fyllda Svampar 58
   25. Fikon Och Brie Quesadillas 60
   26. Fikon Och Pistage Bruschetta 62
   27. Fikon- och baconlindade dadlar 64
   28. Fig Och Feta Phyllo Trianglar 66

SMÖRGÅR OCH WRAPS **68**
   29. Mozzarella, Prosciutto & Fikonsylt grillad ost 69
   30. Prosciutto & Taleggio Med Fikon På Mesclun 71
   31. Fikon Och Karamelliserad Lök Veggie Burger 73
   32. Fikon Och Prosciutto Smörgåsar 75
   33. Fikon, Prosciutto och Ruccolasmörgås 77
   34. Grillad fikon, getost och honungsomslag 79
   35. Fig, Turkiet och Brie Panini 81
   36. Fikon Och Brie Turkiet Burger 83

37. Fikon, Prosciutto Och Getosttunnbröd 85
38. Fikon, Skinka Och Schweizisk Ost Panini Med Fikonsylt 87
39. Fikon, Bacon Och Gouda Wrap Med Lök 89
40. Fikon Och Blåmögelostburgare 91

HUVUDRÄTT 93
41. Fikon Och Gorgonzola Fylld Fläskfilé 94
42. Fikon Och Prosciutto Fyllda Portobellosvampar 96
43. Fikon Och Valnöt Fyllda Kycklingbröst 98
44. Fikon Och Ricotta Fyllda Pasta Skal 100
45. Fikon Och Valnötssallad Med Grillad Lax 102

PIZZA OCH PIZZETTER 104
46. Fikon , Lök & mikrogrönt Pizzer 105
47. Fig Och Pancetta Pizza 108
48. Fikon-och-prosciutto-pizza 110
49. Fig och Radicchio Pizza 112
50. Karamelliserade fikon & getostpizza 115
51. Ost Och Fikon Calzones 117
52. Fikon, Ruccola och Prosciutto Pizza 119
53. Fikon-, blåmögelost- och valnötspizzetter 121
54. Fikon-, Ricotta- Och Honungstunnbröd 123

SALADER 125
55. Apelsin Och Fikonsallad 126
56. Grillad fikon och halloumisallad 128
57. Fikon, Skinka Och Nektarinsallad I Vinsirap 130
58. Fikon Och Farro Sallad Med Kyckling 132
59. Fikon & Kalkonsallad Med Currydressing 134
60. Melonsallad Med fikon 136
61. Fikon, Getost Och Valnötssallad 138
62. Fikon, Prosciutto och Ruccolasallad 140
63. Fikon, Quinoa och Kikärtssallad 142
64. Fikon, Prosciutto och Mozzarella Caprese Sallad 144
65. Fikon-, spenat- och pekannötssallad 146
66. Fikon-, Avokado- Och Räksallad 148
67. Fikon, Quinoa och Ruccolasallad 150

EFTERRÄTT 152
68. Limoncello fikon tårta med valnötskorpa 153
69. Fryst fikonostkaka 156
70. Fikon med Zabaglione 158
71. Rosdoftande Bavarois med fikon 160
72. Färsk fikonmousse 163
73. Pavlova Med Fikon Och Granatäpple 166
74. Fikon, honung och ricotta Semifreddo 168
75. Fikon Och Balsamic Pot De Crème 170

76. Blåmögelost Och Fikon Gelato Affogato 172
77. Gyllene fikonis Med Rom 175
78. Bourbon rökt fikonglass 177
79. Fig Och Mascarpone Is 180

KRYDDER **182**
80. Konserverade fikon 183
81. Torkad fikonsylt 185
82. Kanderade fikon 187
83. Tranbär-fikon Chutney 189
84. Fikon, rosmarin och rödvinssylt 191

COCKTAILS **193**
85. Calvados Teardrop Mocktail 194
86. Fikon Och Rosmarin Infunderat Vatten 196
87. Grapefrukt, fikon och fjärilsärta Kefir 198
88. Färska fikon Curacao 200
89. Fikon & Grand Marnier likör 202
90. Fikon Och Lavendel Lemonad 204
91. Hallon Och Fikonlimeade 206
92. Fikon Och Honung Smoothie 208
93. Fikon Och Ingefära Iced Tea 210
94. Kardemumma-fikonbrännvin 212
95. Fikon och mynta Mojito 214
96. Fikon Och Vaniljböna Smoothie 216
97. Fikon Och Kanel Infunderat Iced Tea 218
98. Fikon Och Kokosvatten Smoothie 220
99. Fikon Och Basilika Lemonad 222
100. Tonic för fikon och äppelcidervinäger 224

SLUTSATS **226**

INTRODUKTION

Välkommen till "DEN VÄSENTLIGA FIGON KOOKBOKEN: Lås upp potentialen hos fikon genom 100 recept för varje tillfälle." Fikon, med sin läckra sötma och mångsidiga natur, har hyllats i kulinariska traditioner runt om i världen i århundraden. I den här kokboken bjuder vi in dig att utforska fikonens rika och mångsidiga värld genom en utvald samling av 100 lockande recept, var och en utformad för att visa upp de unika smakerna och texturerna hos denna älskade frukt.

Fikon är mer än bara ett läckert mellanmål; de är ett kulinariskt kraftpaket som kan lyfta både söta och salta rätter till nya höjder. Oavsett om du är en fikonälskare eller en nyfiken kock som vill införliva denna mångsidiga frukt i din repertoar, hittar du inspiration och vägledning på dessa sidor. Från aptitretare och sallader till huvudrätter, desserter och mer, det finns ett fikoncentrerat recept för varje smak och varje tillfälle.

Varje recept i denna kokbok är noggrant utformad för att framhäva den naturliga sötman och komplexiteten hos fikon, samtidigt som de kompletterar dem med en harmonisk blandning av ingredienser och smaker. Oavsett om du ägnar dig åt en dekadent fikon- och getosttårta eller njuter av en uppfriskande fikon- och prosciuttosallad, kommer du att uppleva magin med fikon i varje tugga.

Så oavsett om du planerar en festlig sammankomst, en mysig middag för två eller bara vill lägga till en touch av elegans till dina vardagliga måltider, låt "DEN VÄSENTLIGA FIGON KOOKBOKEN" vara din guide för att frigöra den fulla potentialen hos denna utsökta frukt . Med sina lockande recept, användbara tips och fantastiska fotografier kommer denna kokbok säkerligen att bli en älskad följeslagare i ditt kök.

FRUKOST

1.Getost Och fikonmunkar

INGREDIENSER:
- 2 koppar universalmjöl
- 1 msk bakpulver
- ½ tsk salt
- ¼ kopp osaltat smör, smält
- 1 dl mjölk
- 2 stora ägg
- ½ kopp smulad getost
- ¼ kopp torkade fikon, hackade

INSTRUKTIONER:
a) Värm ugnen till 375°F (190°C) och smörj en munkform med matlagningsspray.
b) I en bunke, vispa ihop mjöl, bakpulver och salt.
c) Blanda smält smör, mjölk och ägg i en separat skål.
d) Tillsätt de våta ingredienserna till de torra ingredienserna och rör om tills det är väl blandat.
e) Vänd ner den smulade getosten och hackade torkade fikon.
f) Häll smeten i den förberedda munkformen, fyll varje form till cirka ¾ full.
g) Grädda i 12-15 minuter eller tills munkarna är gyllenbruna.
h) Ta ut ur ugnen och låt svalna i 5 minuter innan du tar ur formen.

2. Fikon Hasselnötsmjölk

INGREDIENSER:
- 2 koppar mandel- eller hasselnötsmjölk
- ½ kopp torkade fikon, finhackade
- ½ tesked vaniljextrakt
- 2 stora nypor Himalayakristallsalt eller havssalt

INSTRUKTIONER:
a) Kombinera hasselnötsmjölk, torkade fikon, vaniljextrakt och salt i mixern.
b) Mixa tills det är slätt.

3. Fikon Och Valnöt Frukost Parfait

INGREDIENSER:
- 1 dl grekisk yoghurt
- 1/4 kopp granola
- 2-3 färska fikon, tärnade
- 2 msk hackade valnötter
- 1 msk honung
- Nypa kanel

INSTRUKTIONER:
a) I ett glas eller en skål, varva grekisk yoghurt, granola, tärnade fikon och hackade valnötter.
b) Ringla honung över toppen av parfaiten och strö över en nypa kanel.
c) Upprepa lagren tills alla ingredienser är använda, avsluta med ett stänk hackade valnötter ovanpå.
d) Servera fikon- och valnötsfrukostparfaiten direkt.

4. Fikonfrukostvåfflor

INGREDIENSER:
- ¾ kopp Kalifornien torkade fikon
- 2 dl kakmjöl, siktat
- 2 msk Dubbelverkande bakpulver
- ½ tsk salt
- 2 matskedar socker
- 1 tsk rivet citronskal
- 3 äggulor
- 1½ dl mjölk
- 7 matskedar Smör eller matfett, smält
- 3 äggvitor, hårt vispade

INSTRUKTIONER:
a) Börja med att låta de torkade fikonen stå i kokande vatten i 10 minuter.
b) Använd sedan en sax för att klippa av deras stjälkar och blomändar och klipp dem sedan i små bitar. Spara lite för användning i sirapen.
c) Sikta tårtmjölet och mät det sedan. Sikta om det i en mixerskål tillsammans med de återstående torra ingredienserna dubbelverkande bakpulver, salt, socker, rivet citronskal och de finskurna fikonen.
d) I en separat skål, kombinera de välvispade äggulorna med mjölk och det smälta smöret eller matfettet.
e) Blanda de våta ingredienserna lätt i de torra ingredienserna tills de är väl blandade.
f) Vänd försiktigt ner den hårt vispade äggvitan.
g) Grädda våffelsmeten på ett hett våffeljärn tills våfflorna är gyllenbruna.
h) Servera våfflorna med mycket smör och varm lönnsirap som du har lagt till de reserverade skurna fikonen.
i) Njut av dina läckra fikonfrukostvåfflor!

5.Fikon Och Honung Yoghurtskål

INGREDIENSER:
- 1 dl grekisk yoghurt
- 2-3 färska fikon, skivade
- 2 msk hackade nötter (som mandel, valnötter eller pekannötter)
- 1 msk honung
- Nypa kanel

INSTRUKTIONER:
a) Häll upp den grekiska yoghurten i en skål.
b) Ordna de skivade fikonen ovanpå yoghurten.
c) Strö de hackade nötterna över fikonen.
d) Ringla honung över yoghurtskålen och strö över en nypa kanel.
e) Servera fikon- och honungsyoghurtskålen omedelbart.

6. Fikontoaster

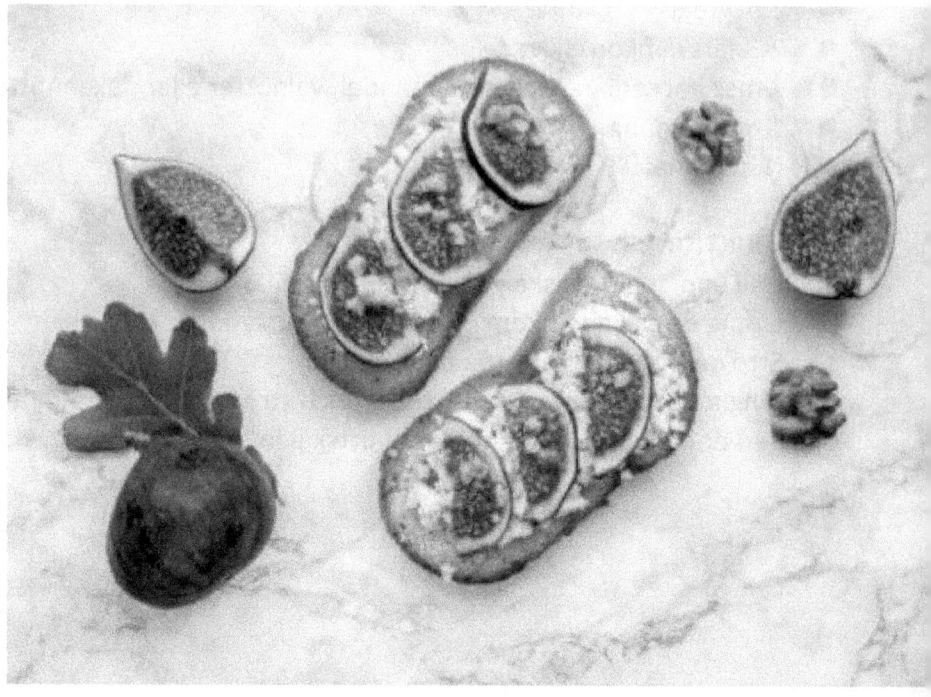

INGREDIENSER:
- 12 medelstora fikon (cirka 1 ½ pund)
- 4 skivor brioche eller challah, skär 1 tum tjockt
- ½ kopp socker
- 3 matskedar smör
- ½ kopp vanlig yoghurt, rörd tills den är slät
- ¼ kopp skivad mandel

INSTRUKTIONER:
a) Värm ugnen till 500 grader Fahrenheit eller dess högsta möjliga inställning.
b) Rosta brödskivorna genom att lägga dem direkt på ugnsgallret och rosta dem i den uppvärmda ugnen tills de blir gyllenbruna, vilket bör ta cirka 4 till 5 minuter. När det är klart lägger du det rostade brödet på 4 uppvärmda tallrikar.
c) Medan brödet rostar, klipp av stjälkarna från fikonen. Dela fikonen på mitten och doppa dem i socker, se till att de är väl belagda.
d) Hetta upp 1 matsked smör i en stekpanna och tillsätt sedan de skivade mandlarna. Stek dem tills de blir gyllenbruna, vilket bör ta cirka 2 till 3 minuter. Ställ de rostade mandlarna åt sidan.
e) Värm resten av smöret i samma stekpanna tills det skummar. Lägg i fikonen med skärsidan nedåt och fräs dem tills de är färdiga, vänd dem en gång. Detta bör ta cirka 3 till 4 minuter.
f) Lägg de sauterade fikonen ovanpå de rostade brödskivorna och skeda över pannsaften.
g) Toppa varje toast med yoghurt och strö över den rostade mandeln.
h) Servera fikontoasten omgående för att säkerställa att toasten förblir knaprig.
i) Njut av dina läckra fikontoaster!

7. Fikon- Och Getostomelett

INGREDIENSER:
- 3 ägg
- 2-3 färska fikon, tärnade
- 2 msk smulad getost
- 1 msk hackad färsk basilika
- Salta och peppra, efter smak
- Smör eller olivolja för matlagning

INSTRUKTIONER:
a) Knäck äggen i en skål och vispa tills de är väl vispade. Krydda med salt och peppar.
b) Hetta upp en stekpanna på medelhög värme och tillsätt lite smör eller olivolja.
c) Häll de vispade äggen i stekpannan och låt dem koka ostört tills kanterna börjar stelna.
d) Strö de tärnade fikonen, smulad getost och hackad färsk basilika jämnt över hälften av omeletten.
e) Använd en spatel för att vika den andra halvan av omeletten över fyllningen.
f) Koka ytterligare en minut eller två tills osten smält och omeletten är genomstekt.
g) Lägg omeletten på ett fat och servera varm.

8.Fikon Biscotti

INGREDIENSER:
- 2 koppar universalmjöl
- 1 ½ tsk bakpulver
- ¼ tesked salt
- Skal av 2 citroner
- ½ kopp (1 pinne) osaltat smör, mjukat
- ¾ kopp strösocker
- 2 stora ägg
- 1 tsk vaniljextrakt
- 1 dl torkade fikon, hackade
- ½ kopp strimlad mandel

INSTRUKTIONER:

a) Värm ugnen till 350°F (175°C). Klä en plåt med bakplåtspapper.
b) I en bunke, vispa ihop mjöl, bakpulver, salt och citronskal. Ställ denna torra blandning åt sidan.
c) I en separat skål, grädda ihop det mjukade smöret och strösockret tills det är ljust och fluffigt, vilket bör ta cirka 2 minuter.
d) Vispa i äggen, ett i taget, och se till att varje ägg är väl införlivat. Rör ner vaniljextraktet.
e) Tillsätt gradvis den torra blandningen (mjöl, bakpulver, salt och citronskal) till den våta blandningen (smör, socker, ägg, vanilj). Blanda tills en styv deg bildas.
f) Vänd ner de hackade torkade fikonen och mandeln i degen.
g) Dela degen på mitten och forma varje halva till en stock ca 12 tum lång och 2 tum bred. Lägg dessa stockar på den förberedda bakplåten, lämna lite utrymme mellan dem.
h) Grädda i den förvärmda ugnen i cirka 25-30 minuter eller tills stockarna är fasta och lätt gyllene.
i) Ta ut stockarna från ugnen och låt dem svalna i cirka 10 minuter. Sänk ugnstemperaturen till 325°F (160°C).
j) Använd en vass kniv och skiva stockarna diagonalt i ½ tum breda biscotti. Lägg tillbaka dessa skivor på plåten och skär sidorna uppåt.
k) Grädda biscotti i ytterligare 15-20 minuter, eller tills de är knapriga och lätt brynta.
l) Låt citronfikonbiscottin svalna helt på galler.
m) När den svalnat, förvara biscotti i en lufttät behållare. De kan avnjutas med en kopp te eller kaffe.

9.Fig Och Prosciutto Frukostpizza

INGREDIENSER:
- 1 färdiggjord pizzaskal eller tunnbröd
- 1/2 kopp ricottaost
- 4-5 färska fikon, tunt skivade
- 2-3 skivor prosciutto, riven i bitar
- 1 msk honung
- Färsk ruccola till garnering
- Balsamicoglasyr (valfritt)

INSTRUKTIONER:
a) Värm din ugn enligt anvisningarna för pizzaskalet.
b) Fördela ricottaost jämnt över pizzaskalet.
c) Ordna de skivade fikonen och den rivna prosciutton ovanpå ricottan.
d) Ringla honung över fikonen och prosciutton.
e) Grädda pizzan i den förvärmda ugnen tills skorpan är gyllenbrun och krispig, och pålägen är genomvärmda, ca 10-12 minuter.
f) Ta ut ur ugnen och garnera med färsk ruccola och en klick balsamicoglasyr om så önskas.
g) Skiva och servera fikon- och prosciuttofrukostpizzan varma.

10.Fikonsyltmuffins

INGREDIENSER:
FÖR SYLTET:
- 1 kopp Kalifornien torkade fikon
- 2 koppar kallt vatten
- 1 kopp strösocker
- Salt, en nypa
- ¼ tesked Malen kryddnejlika

FÖR SMETEN:
- 2½ koppar siktat universalmjöl
- 4 tsk Bakpulver
- 1 tsk salt
- 2 matskedar strösocker
- 6 matskedar förkortning
- ¾ kopp mjölk
- 2 ägg

INSTRUKTIONER:
FÖR SYLTET:
a) Börja med att skölja och rinna av de Kalifornien torkade fikonen. Klipp sedan av stjälkarna och finfördela eller hacka dem.
b) Tillsätt de hackade fikonen och vattnet i en kastrull. Koka upp och koka under omrörning i cirka 15 minuter, eller tills vattnet absorberats.
c) Tillsätt strösocker, en nypa salt och mald kryddnejlika till fikonblandningen. Fortsätt koka och rör om tills blandningen når en tjock konserverad konsistens, vilket bör ta cirka 7 till 10 minuter.

FÖR SMETEN:
d) I en separat skål, sikta ihop all-purpose mjöl, bakpulver, salt och strösocker.
e) Arbeta ner matfettet i mjölblandningen tills det liknar grova smulor.
f) Tillsätt mjölken och uppvispade äggen till de torra ingredienserna och rör om tills det är väl blandat.
g) Smörj 12 medelstora muffinsformar och fördela smeten jämnt mellan dem.
h) Använd en sked och skapa en "brunn" på toppen av varje muffins.
i) Fyll varje "brunn" med en sked av den beredda fikonmarmeladen.
j) Grädda muffinsen i en het ugn vid 425°F (220°C) i cirka 18 minuter eller tills de är gyllenbruna.
k) Servera muffinsen varma med smör och resterande fikonmarmelad.
l) Njut av dina läckra fikonmarmeladsmuffins!

11. Havre för fikon och mandel över natten

INGREDIENSER:
- 1/2 kopp havregryn
- 1/2 kopp mandelmjölk
- 1/4 kopp grekisk yoghurt
- 1 msk chiafrön
- 2-3 färska fikon, tärnade
- 1 msk honung eller lönnsirap
- 1/4 tsk vaniljextrakt
- Skivad mandel och ytterligare tärnade fikon för topping

INSTRUKTIONER:
a) I en burk eller skål, kombinera havregryn, mandelmjölk, grekisk yoghurt, chiafrön, tärnade fikon, honung eller lönnsirap och vaniljextrakt. Rör om väl för att kombinera.
b) Täck burken eller skålen och ställ i kylen över natten, eller i minst 4 timmar.
c) Innan servering, rör över natten havre ordentligt. Om konsistensen är för tjock kan du tillsätta en skvätt mandelmjölk för att tunna ut den.
d) Toppa över natten havre med skivad mandel och ytterligare tärnade fikon före servering.

12. Fikon Och Ricotta Fyllda French Toast

INGREDIENSER:
- 4 skivor tjockt bröd (som brioche eller challah)
- 1/2 kopp ricottaost
- 2-3 färska fikon, tunt skivade
- 2 ägg
- 1/4 kopp mjölk
- 1 tsk vaniljextrakt
- 1 msk smör
- Lönnsirap, till servering

INSTRUKTIONER:
a) Bred ut ett generöst lager ricottaost på två brödskivor. Toppa med skivade fikon och täck sedan med de återstående två brödskivorna för att göra smörgåsar.
b) I en grund form, vispa ihop ägg, mjölk och vaniljextrakt för att göra smeten.
c) Hetta upp smöret i en stekpanna på medelvärme.
d) Doppa varje smörgås i äggblandningen, se till att täcka båda sidorna jämnt.
e) Lägg de doppade smörgåsarna i stekpannan och stek tills de är gyllenbruna och krispiga på båda sidor, ca 3-4 minuter per sida.
f) Servera den fyllda franska toasten varm med lönnsirap droppad på toppen.

13. Fikon Och Spenat Frukost Wrap

INGREDIENSER:
- 1 stor fullkornstortilla
- 2-3 msk färskost
- Handfull färska spenatblad
- 2-3 färska fikon, skivade
- 1 msk balsamicoglasyr

INSTRUKTIONER:
a) Fördela färskosten jämnt över hela vetetortillan.
b) Varva de färska spenatbladen och skivade fikon ovanpå färskosten.
c) Ringla balsamicoglasyr över fyllningen.
d) Rulla ihop tortillan hårt till en omslag.
e) Dela wrapen på mitten och servera genast.

SNACKS OCH aptitretare

14. Valnöt, fikon och Prosciutto Crostini

INGREDIENSER:
- 1 limpa ciabattabröd, skivad ½ tum tjocka
- Extra virgin olivolja
- 12 skivor prosciutto
- ¼ kopp rostade valnötter, hackade
- Extra virgin olivolja
- 6 mogna fikon, rivna på mitten
- 1 knippe färsk persilja
- 1 vitlöksklyfta, skivad
- Nymalen svartpeppar
- 6 matskedar balsamvinäger

INSTRUKTIONER:
a) Förvärm en grillpanna och grilla dina ciabattaskivor.
b) Gnid försiktigt den skurna sidan av vitlöken på ciabattan.
c) Ringla över extra virgin olivolja.
d) Lägg en bit prosciutto och en fikonhalva ovanpå var och en av dina varma crostini.
e) Toppa med persilja och valnötter och ringla över mer extra virgin olivolja.
f) Tillsätt en klick balsamvinäger och smaka av med nymalen svartpeppar innan servering.

15. Fig Shortcakes

INGREDIENSER:
- 2 koppar universalmjöl
- ¼ kopp strösocker
- 1 msk bakpulver
- ½ tsk salt
- ½ kopp osaltat smör, kallt och i tärningar
- ¾ kopp kärnmjölk
- 1 tsk vaniljextrakt
- 1 dl färska fikon, skivade
- Vispad grädde, till servering

INSTRUKTIONER:
a) Värm ugnen till 425°F (220°C).
b) I en stor skål, vispa ihop mjöl, socker, bakpulver och salt.
c) Tillsätt det kalla tärningssmöret till de torra ingredienserna. Använd en konditor eller fingrarna för att skära smöret i mjölblandningen tills det liknar grova smulor.
d) Gör en brunn i mitten av blandningen och häll i kärnmjölken och vaniljextraktet. Rör om tills det precis blandas.
e) Vänd ut degen på en mjölad yta och knåda den försiktigt några gånger tills den går ihop.
f) Klappa degen till en 1-tums tjock runda och skär ut mördegskakor med hjälp av en kexfräs.
g) Lägg mackorna på en plåt klädd med bakplåtspapper.
h) Grädda i 12-15 minuter eller tills de är gyllenbruna.
i) Ta ut ur ugnen och låt dem svalna något.
j) Dela shortcakes på mitten horisontellt. Fyll dem med skivade fikon och vispgrädde. Toppa med den andra halvan av mördegskakan och servera.

16.Grillade kantareller och prosciutto-lindade fikon

INGREDIENSER:
- 4 uns Prosciutto di Parma tunt skivad
- ½ kopp extra jungfruolja
- 3 msk balsamvinäger
- ½ tsk salt
- ¼ tesked peppar
- 10 mogna men fasta Black Mission fikon trimmade, halverade på längden
- 4 uns kantarellsvamp torkas rena
- 8 koppar Ruccolablad löst packade
- ¼ kopp blandade ätbara blommor (tillval)

INSTRUKTIONER:

a) Använd en liten vass kniv och skär tjugo 3-x-1-tums remsor från prosciutton. Skär den återstående prosciutton i 1-tums remsor.
b) I en liten skål, vispa ihop olivolja, balsamvinäger, salt och peppar. Spara en kopp av dressingen och ställ åt sidan. Häll den återstående vinägretten i en medium icke-reaktiv skål. Tillsätt fikonhalvorna och svampen och rör om försiktigt. Låt marinera i 30 minuter.
c) Tänd en grill eller förvärm broilern. Ta ut fikonhalvorna från marinaden en i taget och linda in dem individuellt i de stora remsorna av prosciutto. Omväxlande med svampen, trä 5 av de inslagna fikonhalvorna på var och en av fyra 10-tums långa träspett.
d) Grilla eller stek i ca 1 minut på varje sida tills de fått lite färg.
e) Överför till en tallrik.
f) I en stor salladsskål, släng ruccolan med den reserverade dressingen.
g) Dela mellan 4 stora salladstallrikar. Ordna de prosciuttolindade fikonen och svamparna från 1 spett på varje sallad.
h) Garnera med ätbara blommor och de återstående små bitarna av prosciutto. Servera omedelbart.

17. Fig Fritters

INGREDIENSER:
- 24 Fasta mogna fikon
- 2 ägg, separerade
- ⅝ kopp mjölk
- 1 matsked olja
- 1 nypa salt
- Rivet citronskal
- 20½ uns mjöl
- 1 matsked socker
- Olja för stekning

INSTRUKTIONER:
a) Vispa äggulorna med mjölk, olja, salt och citronskal i en skål.
b) Rör ner mjöl och socker och blanda väl. Kyl smeten i 2 timmar.
c) Vispa äggvitorna hårt och vänd ner dem i smeten. Doppa fikonen i smeten och stek dem i djup, het olja tills de är gyllenbruna.
d) Låt rinna av kort och strö över socker. Aprikoser, bananer och andra frukter kan tillagas på samma sätt.

18.Fylld Fig

INGREDIENSER:
- 8 mogna fikon
- ½ kopp ricottaost
- 2 matskedar honung
- ¼ kopp hackade valnötter

INSTRUKTIONER:
a) Skär stjälken av varje fikon och skiva ett X på toppen.
b) Tryck försiktigt på botten av fikonet för att öppna den.
c) I en skål, kombinera ricottaost, honung och hackade valnötter.
d) Fyll varje fikon med ricottablandningen.
e) Servera kyld.

19. Fikon Och Valnöt Dulse Tryffel

INGREDIENSER:
- 12 torkade fikon indränkta i vatten, stjälken borttagen och halverad
- 1 och en halv kopp valnötter
- 1 msk dulse, flingad
- 1 nypa salt
- 1 tsk vanilj
- 1 msk rått kakaosmör, rivet
- ¼ kopp råkakaopulver plus extra eller riven mörk choklad.
- En skvätt ananasjuice eller reserverad vätska från blötlagda fikon om det behövs.

INSTRUKTIONER:
a) Börja valnötterna, dulse och salt i en matberedare med ett S-blad.
b) Häll av fikonen och spara vätskan.
c) Tillsätt fikon till valnötter med de återstående ingredienserna och pulsera tills blandningen precis kommer ihop.
d) Forma till en fyrkantig plåt. Kyla och skär i små rutor. Pudra med rå kakao. Eller rulla till bollar och pudra med kakaopulver eller riven choklad.

20. Kryddig fikon- och valnötshjul

INGREDIENSER:
- 1 kopp hackade Calimyrna-fikon (ca 6 uns)
- ¼ kopp Plus 2 matskedar vatten
- ¼ kopp strösocker
- ¼ kopp hackade valnötter
- 1½ koppar universalmjöl
- ½ tesked bakpulver
- ¼ tesked salt
- 1 tsk mald kanel
- ½ tsk Malen muskotnöt
- ½ kopp (1 pinne) osaltat smör; vid rumstemperatur
- ¾ kopp Fast förpackat mörkt farinsocker
- ¼ kopp gräddfil
- ½ tesked citronextrakt

INSTRUKTIONER:
a) Blanda fikon, vatten och strösocker i en liten kastrull.
b) Koka på medelvärme i cirka 5 minuter, under konstant omrörning, tills vattnet har absorberats.
c) Ta av från värmen, rör ner valnötterna och ställ åt sidan för att svalna. I en skål, vispa ihop mjöl, bakpulver, salt och kryddor.
d) Grädda smör och farinsocker i en stor bunke med en elektrisk mixer på medelhastighet tills det är blek och slät. På låg hastighet, vispa i gräddfilen och sedan citronextraktet.
e) Rör ner mjölblandningen med en träslev. Vänd ut degen på en liten bakplåt som har klätts med vaxpapper. Forma med en gummispatel till en rektangel ca 8 x 6 tum. Täck med ett andra ark vaxpapper och ställ i kylen i 30 minuter.
f) Kavla ut degen på bakplåten till en 12 x 9-tums rektangel. Ta bort det översta arket med vaxpapper. Fördela fikonfyllningen jämnt ovanpå, lämna en ½-tums kant längs långsidorna. Vik över bården längs en av långkanterna och rulla ihop degen tätt som en gelérulle.
g) Crimp den motsatta kanten stängd för att försegla. Slå in i vaxpappret och ställ i kylen i minst 3 timmar.
h) Värm ugnen till 375 F.
i) Skär rullen i ¼-tums skivor och lägg på osmorda plåtar.
j) Grädda i ca 12 minuter tills de fått en lätt färg och är fast vid beröring.
k) Kyl kakorna i 1 minut på plåtarna och överför dem sedan till galler för att avsluta kylningen.

21. Fikon kokosbollar

INGREDIENSER:
- ¾ kopp Kalifornien torkade fikon
- ¾ kopp riven kokos
- ½ kopp nötkött
- 1 tsk rivet citronskal
- 1 tsk citronsaft

INSTRUKTIONER:
a) Börja med att ångkoka de Kalifornien torkade fikonen. Efter ångkokningen, använd en sax för att klippa av stjälkarna och finfördela eller hacka dem sedan.
b) Mal kokos- och nötköttet tills de får en fin konsistens.
c) Kombinera de ångade och hackade fikonen, mald kokos, nötkött, rivet citronskal och citronsaft. Arbeta ihop dem tills de bildar en pastaliknande konsistens. Om det behövs kan du tillsätta mer citronsaft för att uppnå önskad konsistens.
d) Forma blandningen till små bollar, ungefär ¾ tum i diameter.
e) Rulla dessa formade bollar i finhackad kokos för att täcka dem.
f) Njut av dina läckra California Fig Coconut Balls!

22.Fikon Och Getost Crostini Med Honung

INGREDIENSER:
- Baguette, skivad
- Färska fikon, skivade
- Getost
- Honung
- Färska timjanblad
- Olivolja
- Salt och peppar

INSTRUKTIONER:
a) Värm ugnen till 375°F (190°C).
b) Lägg baguetteskivorna på en plåt och pensla lätt med olivolja. Grädda tills de är gyllene och krispiga, ca 8-10 minuter.
c) Bred ut getost på varje rostad baguetteskiva.
d) Toppa med skivade fikon, ringla över honung och strö över färska timjanblad.
e) Krydda med salt och peppar efter smak.
f) Servera crostinin direkt.

23.Fikon Och Prosciutto Grillspett

INGREDIENSER:
- Färska fikon
- Prosciuttoskivor, skurna i strimlor
- Balsamico glasyr
- Träspett

INSTRUKTIONER:
a) Skär fikonen på mitten.
b) Varva varje fikonhalva med en remsa prosciutto.
c) Trä de inlindade fikonen på träspett.
d) Ringla över balsamicoglasyr.
e) Servera som en elegant förrätt för plockmat.

24.Fikon Och Blåmögelost Fyllda Svampar

INGREDIENSER:
- Stora svampar (som cremini eller portobello)
- Färska fikon, tärnade
- Blåmögelost, smulad
- Vitlök, hackad
- Färsk persilja, hackad
- Olivolja
- Salt och peppar

INSTRUKTIONER:
a) Värm ugnen till 375°F (190°C).
b) Ta bort stjälkarna från svampen och gröp försiktigt ur lite av gälarna för att få plats med fyllningen.
c) I en skål, blanda ihop tärnade fikon, smulad ädelost, hackad vitlök, hackad persilja, olivolja, salt och peppar.
d) Fyll varje svamplock med fikon- och ädelostblandningen.
e) Lägg de fyllda svamparna på en bakplåtspappersklädd plåt.
f) Grädda i den förvärmda ugnen i 15-20 minuter, eller tills svampen är mjuk och fyllningen bubblig.
g) Servera de fyllda svamparna varma som ett härligt förrättsalternativ.

25.Fikon Och Brie Quesadillas

INGREDIENSER:
- Mjöl tortillas
- Färska fikon, skivade
- Brieost, skivad
- Honung
- Färska timjanblad
- Olivolja eller smör

INSTRUKTIONER:
a) Värm en stekpanna på medelvärme och pensla lätt ena sidan av en mjöltortilla med olivolja eller smör.
b) Lägg tortillan, med den oljade sidan nedåt, i stekpannan.
c) Lägg skivor av Brieost och färska fikon på ena halvan av tortillan.
d) Ringla honung över fikonen och strö över färska timjanblad.
e) Vik den andra halvan av tortillan över fyllningen för att skapa en halvmåneform.
f) Koka tills botten är gyllenbrun och osten smält, vänd sedan och tillaga den andra sidan.
g) Ta bort från stekpannan och skär i klyftor. Servera varm.

26.Fikon Och Pistage Bruschetta

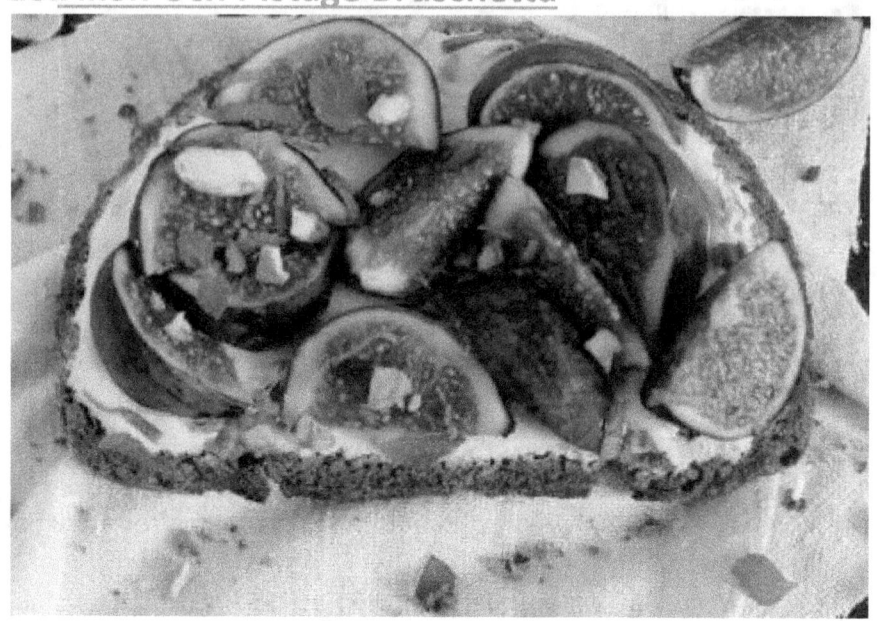

INGREDIENSER:
- Baguette, skivad
- Färska fikon, skivade
- Ricotta ost
- Pistagenötter, hackade
- Honung
- Balsamico glasyr

INSTRUKTIONER:
a) Rosta baguetteskivorna tills de är gyllenbruna och krispiga.
b) Bred ut ett lager ricottaost på varje rostat bröd.
c) Toppa med skivade fikon och hackade pistagenötter.
d) Ringla över honung och balsamicoglasyr.
e) Servera bruschettan omedelbart som en härlig aptitretare.

27.Fikon- och baconlindade dadlar

INGREDIENSER:
- Medjool dadlar, urkärnade
- Färska fikon, halverade
- Baconskivor, halverade
- Balsamico glasyr
- Tandpetare

INSTRUKTIONER:
a) Värm ugnen till 375°F (190°C).
b) Fyll varje dadel med en fikonhalva.
c) Varva varje fylld dadel med en halv skiva bacon och fäst med en tandpetare.
d) Lägg de inslagna dadlarna på en bakplåtspappersklädd plåt.
e) Grädda i den förvärmda ugnen i 15-20 minuter, eller tills baconet är knaprigt.
f) Ringla över balsamicoglasyr innan servering. Njut av dessa söta och salta bitar!

28.Fig Och Feta Phyllo Trianglar

INGREDIENSER:
- Filodegsark, tinade
- Färska fikon, tärnade
- Fetaost, smulad
- Honung
- Olivolja eller smält smör

INSTRUKTIONER:
a) Värm ugnen till 375°F (190°C) och klä en plåt med bakplåtspapper.
b) Skär filodegsarken i fyrkanter eller rektanglar.
c) Lägg en liten sked tärnade fikon och smulad fetaost i mitten av varje filobit.
d) Ringla honung över fyllningen.
e) Vik filodegen över fyllningen för att bilda trianglar, pensla varje triangel med olivolja eller smält smör för att täta.
f) Lägg de fyllda trianglarna på den förberedda bakplåten.
g) Grädda i den förvärmda ugnen i 12-15 minuter, eller tills de är gyllenbruna och krispiga.
h) Servera fikon- och fetafilotrianglarna varma som ett utsökt aptitretarealternativ.

SMÖRGÅR OCH WRAPS

29. Mozzarella, Prosciutto & Fikonsylt grillad ost

INGREDIENSER:

- 4 mjuka franska eller italienska frallor (eller halvgräddade om det finns)
- 10-12 uns färsk mozzarella, tjockt skivad
- 8 uns prosciutto, tunt skivad
- ¼-½ kopp fikonmarmelad eller fikonkonserver efter smak
- Mjukt smör att breda på bröd

INSTRUKTIONER:

a) Dela varje rulle och varva med mozzarella och parmaskinka. Bred de översta skivorna med fikonmarmeladen och stäng sedan av.
b) Smöra lätt utsidan av varje smörgås.
c) Värm en tung nonstick-panna eller paninipress över medelhög värme.
d) Lägg smörgåsarna i pannan, arbeta i två omgångar beroende på pannans storlek. Tryck till smörgåsarna eller stäng grillen och bryn, vänd en eller två gånger, tills brödet är knaprigt och osten har smält.
e) Även om rullarna börjar som runda, när de väl pressats är de betydligt plattare och kan lätt vändas, om än försiktigt.

30.Prosciutto & Taleggio Med Fikon På Mesclun

INGREDIENSER:
- 8 mycket tunna skivor surdegsbröd eller baguette
- 3 matskedar extra virgin olivolja, delad
- 4 uns prosciutto, skuren i 8 skivor
- 8 uns mogen Taleggio ost, skivad i åtta bitar
- 4 stora nävar sallad vårmix (mesclun)
- 2 msk hackad färsk gräslök
- 2 msk hackad färsk körvel
- 1 msk färsk citronsaft Salt
- Svartpeppar
- 6 mogna svarta fikon, i fjärdedelar
- 2 tsk balsamvinäger

INSTRUKTIONER:
a) Pensla brödet lätt med en liten mängd olivolja och lägg på en plåt. 2 Värm ugnen till 400°F. Lägg brödet på det högsta gallret och grädda i ca 5 minuter, eller tills de precis börjar bli knapriga. Ta bort och låt svalna, ca 10 minuter.

b) När svalna, linda prosciuttoskivorna runt Taleggioskivorna och lägg var och en ovanpå en brödbit. Ställ åt sidan en stund medan du förbereder salladen.

c) Blanda det gröna med cirka 1 matsked olivolja, gräslöken och körveln, blanda sedan med citronsaft, salt och peppar efter smak. Lägg upp på 4 tallrikar och garnera med fikonkvartarna.

d) Pensla toppen av de prosciuttoförpackade paketen med den återstående olivoljan, lägg sedan i en stor ugnssäker stekpanna och grädda i 5 till 7 minuter, eller tills osten börjar sippra och prosciutton är knaprig runt kanterna.

e) Ta snabbt bort paketen och arrangera på varje sallad, skaka sedan ner balsamvinägern i den heta pannan. Snurra så att det blir varmt och häll det sedan över salladerna och rostat bröd. Servera direkt.

31.Fikon Och Karamelliserad Lök Veggie Burger

INGREDIENSER:
- Vegetabiliska hamburgerbiffar (köpta i butik eller hemgjorda)
- Färska fikon, skivade
- Karamelliserad lök
- schweizerostskivor
- Hamburgare av fullkornsvete
- Blandade gröna
- Majonnäs eller din favoritburgarsås
- Olivolja
- Salt och peppar

INSTRUKTIONER:
a) Koka vegoburgerbiffarna enligt anvisningarna på förpackningen eller receptet.
b) Hetta upp olivolja i en stekpanna på medelvärme och karamellisera löken tills den är gyllenbrun och mjuk.
c) Rosta hela veteburgerbullarna lätt på grillen eller i en brödrost.
d) Bred ut majonnäs eller din favoritburgarsås på de nedre halvorna av bullarna.
e) Lägg kokta vegoburgarbiffar på de såsöverdragna bullarna.
f) Toppa varje biff med skivade fikon, karamelliserad lök och skivor schweizisk ost.
g) Lägg en näve blandat grönt ovanpå.
h) Lägg de övre halvorna av bullarna ovanpå greenerna för att göra hamburgarna färdiga.
i) Servera genast och njut!

32. Fikon Och Prosciutto Smörgåsar

INGREDIENSER:
- 1 limpa rosmarin focaccia
- 3 Fig.; skär i tunna rundor
- 1 skiva prosciutto
- 1 näve tvättad ruccola
- Olivolja
- Nymalen svartpeppar; att smaka

INSTRUKTIONER:
a) Skiva 4 bitar focaccia tunt vertikalt.
b) Lägg ett lager fikon på en bit focaccia.
c) Tillsätt en skiva parmaskinka och en näve ruccola.
d) Strö ruccola med olivolja. Krydda med peppar efter smak.
e) Tryck ordentligt på smörgåsen för att platta till. Dela på hälften.

33. Fikon, Prosciutto och Ruccolasmörgås

INGREDIENSER:
- Ciabattabröd eller ditt favoritsmörgåsbröd
- Färska fikon, skivade
- Tunt skivad prosciutto
- Färska ruccolablad
- Balsamico glasyr
- Olivolja
- Salt och peppar

INSTRUKTIONER:
a) Skiva ciabattabrödet horisontellt och rosta lätt om så önskas.
b) Ringla olivolja över den nedre halvan av brödet och arrangera de skivade fikonen ovanpå.
c) Lägg prosciuttoskivorna över fikonen, följt av en näve färska ruccolablad.
d) Ringla balsamicoglasyr över ruccolan och smaka av med salt och peppar.
e) Lägg den övre halvan av brödet över fyllningarna för att bilda en smörgås.
f) Skiva smörgåsen i enskilda portioner och servera omedelbart.

34.Grillad fikon, getost och honungsomslag

INGREDIENSER:
- Mjöl tortillas eller wraps
- Färska fikon, halverade
- Getost
- Honung
- Färska timjanblad
- Olivolja

INSTRUKTIONER:
a) Förvärm en grill eller grillpanna på medelvärme.
b) Pensla de halverade fikonen med olivolja och lägg dem på grillen med skärsidan nedåt. Grilla i 2-3 minuter tills det mjuknat och grillmärken syns.
c) Värm mjöltortillorna eller wraps enligt förpackningens anvisningar.
d) Bred ut ett lager getost på varje tortilla.
e) Ordna de grillade fikonen ovanpå getosten.
f) Ringla honung över fikonen och strö över färska timjanblad.
g) Rulla ihop tortillorna till wraps.
h) Dela wraps på mitten och servera varma eller rumstemperatur.

35.Fig, Turkiet och Brie Panini

INGREDIENSER:
- Surdegsbrödsskivor
- Färska fikon, skivade
- Skivad kalkonbröst
- Brieost, skivad
- Smör eller olivolja
- Dijonsenap (valfritt)

INSTRUKTIONER:
a) Värm en paninipress eller grillpanna på medelvärme.
b) Smöra ena sidan av varje surdegsbrödsskiva eller pensla med olivolja.
c) Lägg en brödskiva, med smörsidan nedåt, på en arbetsyta.
d) Bred dijonsenap på brödet om så önskas.
e) Varva skivad kalkon, skivade fikon och skivad brieost ovanpå brödet.
f) Toppa med ytterligare en skiva bröd, med smörsidan uppåt.
g) Lägg smörgåsen i paninipressen eller grillpanna och koka tills den är gyllenbrun och osten smält.
h) Ta av från värmen, dela paninin på mitten och servera varm.

36. Fikon Och Brie Turkiet Burger

INGREDIENSER:
- Mald kalkon
- Färska fikon, skivade
- Brieost, skivad
- Burgerbullar
- Babyspenatblad
- Rödlök, tunt skivad
- Dijon senap
- Olivolja
- Salt och peppar

INSTRUKTIONER:
a) Krydda den malda kalkonen med salt och peppar och forma till hamburgerbiffar.
b) Hetta upp olivolja i en stekpanna på medelvärme.
c) Koka kalkonbiffarna i cirka 4-5 minuter på varje sida, eller tills de är genomstekta.
d) Rosta hamburgerbullarna lätt i en brödrost eller på grillen.
e) Bred ut dijonsenap på de nedre halvorna av bullarna.
f) Lägg kokta kalkonbiffar på de senapsbelagda bullarna.
g) Toppa varje biff med skivade fikon och brieost.
h) Tillsätt en näve babyspenatblad och tunt skivad rödlök.
i) Lägg de övre halvorna av bullarna ovanpå för att göra hamburgarna färdiga.
j) Servera varmt och njut!

37. Fikon, Prosciutto Och Getosttunnbröd

INGREDIENSER:
- Tunnbröd eller naanbröd
- Färska fikon, skivade
- Tunt skivad prosciutto
- Getost
- Balsamico glasyr
- Färska basilikablad
- Olivolja

INSTRUKTIONER:
a) Värm ugnen till 375°F (190°C).
b) Lägg tunnbrödet eller naanbrödet på en plåt.
c) Fördela getost jämnt över tunnbrödet.
d) Ordna de skivade fikonen och prosciutton ovanpå getosten.
e) Ringla över balsamicoglasyr och en klick olivolja.
f) Grädda i den förvärmda ugnen i 10-12 minuter, eller tills tunnbrödet är knaprigt och påläggen genomvärmd.
g) Ta ut ur ugnen, strö över färska basilikablad och skär i klyftor. Servera varm.

38. Fikon, Skinka Och Schweizisk Ost Panini Med Fikonsylt

INGREDIENSER:
- Surdegsbrödsskivor
- Fikonsylt
- Tunt skivad skinka
- Skivad schweizisk ost
- Smör

INSTRUKTIONER:
a) Bred fikonmarmelad på ena sidan av varje skiva surdegsbröd.
b) Varva tunt skivad skinka och skivad schweizerost ovanpå fikonmarmeladen.
c) Toppa med ytterligare en skiva surdegsbröd till en smörgås.
d) Smöra utsidan av smörgåsen.
e) Värm en paninipress eller grillpanna på medelvärme.
f) Lägg smörgåsen i paninipressen eller grillpanna och koka tills brödet är gyllenbrunt och osten smält.
g) Ta av från värmen, dela paninin på mitten och servera varm.

39. Fikon, Bacon Och Gouda Wrap Med Lök

INGREDIENSER:
- Mjöl tortillas eller wraps
- Färska fikon, skivade
- Kokta baconskivor
- Skivad Gouda ost
- Karamelliserad lök
- Ruccola blad

INSTRUKTIONER:
a) Värm mjöltortillorna eller wraps enligt förpackningens anvisningar.
b) Varva skivade fikon, kokt bacon, skivad goudaost, karamelliserad lök och ruccolablad på varje tortilla.
c) Rulla ihop tortillorna till wraps.
d) Dela wraps på mitten och servera genast.

40.Fikon Och Blåmögelostburgare

INGREDIENSER:
- Nötfärs eller ditt val av protein (som kalkon eller växtbaserat)
- Färska fikon, skivade
- Blåmögelost, smulad
- Burgerbullar
- Ruccola eller blandat grönt
- Balsamico glasyr
- Salt och peppar

INSTRUKTIONER:
a) Forma nötfärsen till hamburgerbiffar och smaka av med salt och peppar.
b) Grilla eller koka biffarna till önskad nivå av färdighet.
c) Rosta hamburgerbullarna lätt på grillen eller i en brödrost.
d) Montera burgarna genom att lägga de kokta biffarna på de nedre halvorna av bullarna.
e) Toppa varje biff med skivade fikon och smulad ädelost.
f) Ringla balsamicoglasyr över toppingen.
g) Lägg en näve ruccola eller blandat grönt ovanpå.
h) Lägg de övre halvorna av bullarna ovanpå greenerna för att göra hamburgarna färdiga.
i) Servera genast och njut!

HUVUDRÄTT

41.Fikon Och Gorgonzola Fylld Fläskfilé

INGREDIENSER:
- 1 fläskfilé (ca 1 lb)
- 6-8 färska fikon, stjälkade och skivade
- 1/2 kopp smulad Gorgonzola ost
- 2 msk balsamvinäger
- 1 msk olivolja
- Salta och peppra efter smak

INSTRUKTIONER:
a) Värm ugnen till 375°F (190°C).
b) Fjäril fläskfilén genom att skära på längden i mitten, utan att skära hela vägen.
c) Öppna fläskfilén platt och strö över salt och peppar.
d) Varva de skivade fikonen och den smulade gorgonzolaosten över fläsket.
e) Rulla ihop fläskfilén och fäst med köksgarn med 1-tums mellanrum.
f) I en liten skål, vispa ihop balsamvinäger och olivolja.
g) Pensla fläskfilén med balsamicoblandningen.
h) Lägg fläskfilén i en ugnsform och stek i den förvärmda ugnen i 25-30 minuter, eller tills innertemperaturen når 145°F (63°C).
i) Låt fläsket vila i 5 minuter innan det skivas. Servera med ytterligare fikon och en klick balsamicoglasyr om så önskas.

42.Fikon Och Prosciutto Fyllda Portobellosvampar

INGREDIENSER:

- 4 stora portobellosvampar, stjälkarna borttagna
- 6-8 färska fikon, skakade och tärnade
- 4 skivor prosciutto, hackad
- 1/2 kopp smulad getost
- 2 msk balsamicoglasyr
- 2 matskedar olivolja
- Salta och peppra efter smak

INSTRUKTIONER:

a) Värm ugnen till 375°F (190°C).
b) Lägg portobellosvampen på en bakplåtspappersklädd plåt.
c) I en skål, kombinera tärnade fikon, hackad prosciutto och smulad getost. Krydda med salt och peppar.
d) Skeda fikonblandningen i svamplocken, dela jämnt.
e) Ringla svamp med balsamicoglasyr och olivolja.
f) Grädda i den förvärmda ugnen i 20-25 minuter, eller tills svampen är mjuk och fyllningen är genomvärmd.
g) Servera varm, garnerad med färska örter om så önskas. Njut av dessa smakrika och eleganta fyllda svampar som huvudrätt eller aptitretare.

43. Fikon Och Valnöt Fyllda Kycklingbröst

INGREDIENSER:
- 4 benfria, skinnfria kycklingbröst
- 6-8 färska fikon, skakade och tärnade
- 1/2 kopp hackade valnötter
- 1/4 kopp smulad fetaost
- 2 matskedar honung
- 1 msk balsamvinäger
- Salta och peppra efter smak

INSTRUKTIONER:
a) Värm ugnen till 375°F (190°C).
b) I en skål, blanda ihop tärnade fikon, hackade valnötter, smulad fetaost, honung, balsamvinäger, salt och peppar.
c) Skär en ficka i varje kycklingbröst.
d) Fyll varje kycklingbröst med fikonblandningen.
e) Krydda utsidan av kycklingbrösten med salt och peppar.
f) Lägg fyllda kycklingbröst i en ugnsform.
g) Grädda i 25-30 minuter, eller tills kycklingen är genomstekt.
h) Servera varm, garnerad med ytterligare honung och valnötter om så önskas.

44.Fikon Och Ricotta Fyllda Pasta Skal

INGREDIENSER:
- 16 stora pastaskal, kokta enligt förpackningsanvisningar
- 6-8 färska fikon, skakade och tärnade
- 1 kopp ricottaost
- 1/2 kopp strimlad mozzarellaost
- 1/4 kopp riven parmesanost
- 1 ägg
- Salta och peppra efter smak
- Marinarasås till servering

INSTRUKTIONER:
a) Värm ugnen till 375°F (190°C).
b) Blanda ihop tärnade fikon, ricottaost, mozzarellaost, parmesanost, ägg, salt och peppar i en skål.
c) Fyll varje kokt pastaskal med fikon- och ostblandningen.
d) Lägg fyllda skal i en ugnsform.
e) Grädda i 20-25 minuter, eller tills osten är genomvärmd och bubblig.
f) Servera varm med marinarasås droppad över toppen.

45. Fikon Och Valnötssallad Med Grillad Lax

INGREDIENSER:
- 4 laxfiléer
- Salta och peppra efter smak
- Olivolja
- 6-8 färska fikon, skakade och i fjärdedelar
- 1/2 dl valnötter, hackade och rostade
- Blandad grönsallad
- Balsamvinägrettdressing

INSTRUKTIONER:
a) Krydda laxfiléerna med salt och peppar, ringla sedan över olivolja.
b) Grilla laxfiléerna på medelhög värme tills de är genomstekta, ca 4-5 minuter per sida.
c) I en stor skål, kombinera de blandade salladsgrönsakerna, kvartade fikon och rostade valnötter.
d) Ringla över balsamvinägrettdressing och rör försiktigt för att täcka.
e) Servera den grillade laxen ovanpå fikon- och valnötssalladen.

PIZZA OCH PIZZETTER

46. Fikon, lök & mikrogrönt Pizzer

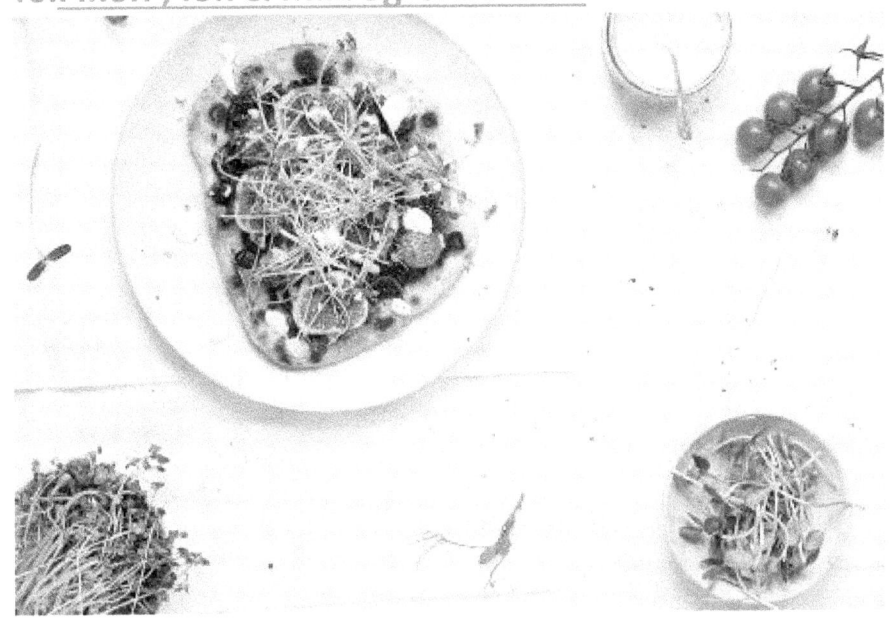

INGREDIENSER:
PLATBRÖDSDEG
- 300 g självjäsande mjöl Lite extra för att pudra
- 2 nypor salt
- 300 g kokosyoghurt
- 1 tsk Bakpulver
- 3 msk olivolja

KARAMELISERAD LÖK
- 600 g Rödlök Skivad
- 1 msk olivolja
- ¼ tesked salt
- 1 msk balsamvinäger
- 2 tsk lönnsirap

TOPPINGS
- 150 g Körsbärstomater Halverade
- 8 fikon skivade
- 100 g fetaost
- 150 g Spicy mix microgreens

INSTRUKTIONER:
KARAMELISERAD LÖK
a) Hetta upp oljan i en kastrull och fräs sedan löken i 15 minuter.
b) Krydda med salt.
c) Tillsätt vinäger och lönnsirap; koka i ytterligare 5 minuter.

PLATBRÖDSDEG
d) Värm ugnen till 180c
e) Blanda alla de torra ingredienserna i en skål och rör sedan ner yoghurten.
f) Pudra en yta med mjöl och knåda sedan försiktigt i 8 minuter.
g) Vila degen i 10 minuter.
h) Dela degen i 8 bollar och rulla sedan ut en bit av degen till en cirkel.
i) Hetta upp 1 tsk olivolja och lägg din utkavlade deg i stekpannan och stek på varje sida i 2 minuter.

TOPPINGS
j) Lägg karamelliserad lök på tunnbröden och bred ut väl.

k) Toppa dem med 50 g mejerifria fetasmulor, körsbärstomathalvor och fikonskivor och grädda dem sedan i den förvärmda ugnen i 7 minuter.
l) Ta ut formen ur ugnen, toppa den med en bunt blandade mikrogrönt, smula sönder resten av fetaosten och smaka av med rikligt med nymalen peppar.
m) Njut av!

47. Fig Och Pancetta Pizza

INGREDIENSER:
- pizzadeg
- Olivolja
- 6-8 färska fikon, stjälkade och skivade
- 4 uns pancetta, tunt skivad
- 1 dl riven mozzarellaost
- 1/4 kopp smulad ädelost
- Balsamico glasyr
- Ruccola (valfritt)

INSTRUKTIONER:
a) Förvärm ugnen till högsta temperaturinställning.
b) Kavla ut pizzadegen på mjölat underlag och lägg över den på en plåt eller pizzasten.
c) Ringla olivolja över degen.
d) Fördela den strimlade mozzarellaosten jämnt över degen.
e) Ordna de skivade fikonen och pancettan ovanpå osten.
f) Strö smulad ädelost över toppen.
g) Grädda i den förvärmda ugnen tills skorpan är gyllene och osten smält.
h) Ta ut ur ugnen och ringla balsamicoglasyr över pizzan.
i) Toppa eventuellt med färsk ruccola innan servering.

48. Fikon-och-prosciutto-pizza

INGREDIENSER:
- 2 omgångar Fikon Pizzadeg
- Majsmjöl; för strö
- 2 teskedar Olivolja
- ½ tesked Finhackad vitlök
- 2 nypor grovt salt
- 2 nypor nymald svartpeppar
- 1 tesked Hackade färska rosmarinblad
- ½ kopp Fig Jam;
- 4 uns Gorgonzola ost ; smulas i
- Ärtstora bitar
- 3 uns Tunt skivad prosciutto
- 1 salladslök; tunt skivad På längden

INSTRUKTIONER:
a) En timme före tillagning, sätt in en baksten i ugnen och värm till 500 grader.
b) Kavla ut en pizzadeg så tunt som möjligt. Lägg den på ett pizzaskal beströdd med majsmjöl.
c) Täck ytan med 1 tsk olja, ¼ tsk hackad vitlök, 1 nypa vardera salt och peppar och ½ tsk hackad rosmarin.
d) Var noga med att lämna en obetäckt, 1 tum bred yttre läpp hela vägen runt. Fördela ¼ kopp fikonmarmelad och 2 uns Gorgonzola-ost jämnt på pizzan.
e) Toppa med hälften av prosciutton.
f) Skaka skoveln lätt och skjut pizzan på bakstenen. Grädda tills de fått färg, cirka 6 till 7 minuter.
g) Lägg över till en fast yta och skär i skivor. Servera genast, garnerad med hälften av den skivade salladslöken.
h) Upprepa med den återstående degen.

49.Fig och Radicchio Pizza

INGREDIENSER:

- 3 torkade Missionsfikon
- ½ dl torrt rött vin
- 2 matskedar råa valnötsbitar
- Mjöl för alla ändamål
- 6 uns boll No-Knead Pizza Deg
- 2 matskedar extra virgin olivolja
- ½ huvud radicchio, strimlad
- 2 uns vegansk ost, skuren i bitar

INSTRUKTIONER:
a) Förvärm broilern med rackset 5 tum från elementet eller lågan. Om du använder en gjutjärnspanna eller stekpanna för pizzan, ställ in den på medelhög värme tills den blir rykande varm, cirka 15 minuter.
b) Överför pannan eller stekpannan till broilern.
c) Lägg fikon i en stekpanna på måttlig värme, häll i vinet och låt koka upp. Stäng av värmen och låt fikonen dra i minst 30 minuter. Häll av och skär sedan i ½ tums bitar.
d) Rosta valnötsbitarna i en torr stekpanna på medelhög värme, i 3 till 4 minuter. Lägg över på en tallrik, låt svalna och hacka sedan grovt.
e) För att forma degen, pudra en arbetsyta med mjöl och lägg degbollen på den.
f) Strö över mjöl och knåda några gånger tills degen går ihop.
g) Forma den till en 8-tums runda genom att trycka från mitten ut mot kanterna, lämna en 1-tums kant tjockare än resten.
h) Öppna ugnsluckan och skjut snabbt ut gallret med tillagningsytan på. Ta upp degen och överför den snabbt till kokytan, var noga med att inte röra vid ytan.
i) Ringla 1 matsked olja på degen, strö över valnötsbitarna, sedan radicchio, sedan hackade fikon och sedan ost.
j) Skjut tillbaka gallret i ugnen och stäng luckan. Stek pizza tills skorpan har svällt upp runt kanterna, pizzan har svartnat i fläckar och osten har smält i 3 till 4 minuter.
k) Ta bort pizzan med ett trä- eller metallskal eller en fyrkant av kartong, överför den till en skärbräda och låt den vila några minuter.
l) Ringla den återstående 1 msk olja ovanpå, skär pizzan i fjärdedelar, överför den till en tallrik och ät.

50. Karamelliserade fikon & getostpizza

INGREDIENSER:
- 1 fullkorns tunn pizzaskorpa
- 1 msk extra virgin olivolja
- Salta och peppra efter smak
- 8 gröna eller svarta missionsfikon
- ⅓ kopp farinsocker
- 1 ½ msk balsamvinäger
- 1 msk färskpressad citronsaft
- 1 ⅓ koppar strimlad skarp cheddarost
- 1 ¼ dl baby ruccola
- 4 medelstora jordgubbar, halverade
- ¼ kopp smulad getost
- ¼ kopp smulad fetaost

INSTRUKTIONER:
a) Värm ugnen till 400°F (200°C).
b) Ringla olivoljan över pizzabottnen och smaka av med salt och peppar.
c) Grädda skorpan i ca 6-8 minuter.
d) Medan skorpan gräddas, skiva fikonen i tredjedelar och doppa skivorna i farinsocker, se till att de är väl belagda.
e) Ordna fikonskivorna i en stor het stekpanna. Koka fikonen på medelvärme i cirka 3 minuter, tills de börjar karamelliseras.
f) Vänd på fikonen, tillsätt balsamvinäger och citronsaft och fortsätt koka i ytterligare 3-4 minuter. Ställ dem åt sidan.
g) När pizzabottnen är ute ur ugnen, strö den med riven ost.
h) Toppa skorpan med babyruccola, karamelliserade fikon, jordgubbar, fetaost och getost. Krydda igen med salt och peppar för extra smak.
i) Grädda i 400°F (200°C) i cirka 7 minuter, tills ostarna smälter och ruccolan börjar vissna.

51.Ost Och Fikon Calzones

INGREDIENSER:
- 1 paket aktiv torrjäst
- Nypa socker
- Extra virgin olivolja
- 1 tsk salt
- ¼ tesked nymalen svartpeppar
- Ca 3 dl mjöl
- 3 matskedar grappa
- 8 torkade fikon, skakade och tunt skivade
- 8 uns Cantal, Fontina Val d'Aosta eller Gruyère ost, skuren i skivor
- 1 msk rosmarinblad
- 1 ägg, uppvispat

INSTRUKTIONER:
a) Blanda jästen med ¼ kopp ljummet vatten och sockret i en stor skål; låt det sitta i 5 minuter. Rör ner ¾ kopp ljummet vatten, 1 msk olivolja och salt och peppar.
b) Blanda i 2 koppar mjöl, en kopp i taget. Tillsätt långsamt ca ½ kopp mer mjöl tills en mjuk, lite klibbig deg bildas.
c) Knåda degen på en lätt mjölad yta i 10 minuter, tillsätt så lite mjöl som möjligt så att degen inte fastnar. Låt den vila, lätt täckt, i 30 minuter.
d) Dela degen i fjärdedelar, forma dem till bollar, pensla överallt med olivolja och lägg dem på en plåt. Täck löst med en handduk och ställ på en sval plats att jäsa tills den fördubblats ca 2 timmar.
e) Låt grappan och fikonen sjuda i en kastrull tills grappan avdunstar.
f) Värm ugnen till 450 grader Fahrenheit. Pensla 2 folieklädda bakplåtar med olja. Rulla degen till 8-tums cirklar. Dela fikonen mellan cirklarna, centrera dem på ena sidan.
g) Toppa med ost och rosmarin. Vik över degen, pensla kanterna med vatten, krympa för att täta och pensla med uppvispat ägg.
h) Grädda i 10 minuter; sänk ugnstemperaturen till 350 grader Fahrenheit och grädda tills de fått färg, i ytterligare 10 till 15 minuter.
i) Njut av din läckra Mountain Cheese och Fig Calzones!

52. Fikon, Ruccola och Prosciutto Pizza

INGREDIENSER:
- pizzadeg
- 2 matskedar olivolja
- 6-8 färska fikon, skivade
- 4 skivor prosciutto, tunt skivad
- 1 dl mozzarellaost, strimlad
- 1 kopp ruccola
- Balsamicoglasyr, för duggregn

INSTRUKTIONER:
a) Förvärm ugnen till högsta temperaturinställning.
b) Kavla ut pizzadegen på mjölat underlag och lägg över den på en plåt eller pizzasten.
c) Ringla 1 msk olivolja över degen.
d) Lägg mozzarellaosten jämnt över degen.
e) Ordna de skivade fikonen och prosciutton ovanpå osten.
f) Grädda i den förvärmda ugnen tills skorpan är gyllene och osten smält.
g) Ta ut ur ugnen och toppa med färsk ruccola.
h) Ringla balsamicoglasyr över pizzan innan servering.

53. Fikon-, blåmögelost- och valnötspizzetter

INGREDIENSER:
- Pizzette deg
- 6-8 färska fikon, i fjärdedelar
- 1/2 kopp ädelost, smulad
- 1/4 kopp valnötter, hackade
- Älskling, för duggregn

INSTRUKTIONER:
a) Värm ugnen till 400°F (200°C).
b) Kavla ut pizzettedegen och skär den i små rundlar.
c) Lägg degrundlarna på en bakplåtspapperklädd plåt.
d) Toppa varje omgång med smulad ädelost, kvartade fikon och hackade valnötter.
e) Ringla honung över toppen av varje pizzett.
f) Grädda i den förvärmda ugnen i ca 10-12 minuter, eller tills kanterna är gyllenbruna och osten bubblig.
g) Ta ut ur ugnen och låt svalna något innan servering.

54. Fikon-, Ricotta- Och Honungstunnbröd

INGREDIENSER:
- Tunnbröd eller naanbröd
- 6-8 färska fikon, skivade
- 1 kopp ricottaost
- Älskling, för duggregn
- Färska timjanblad

INSTRUKTIONER:
a) Värm ugnen till 400°F (200°C).
b) Lägg tunnbrödet eller naanbrödet på en plåt.
c) Fördela 1/2 kopp ricottaost jämnt över tunnbrödet.
d) Ordna de skivade fikonen ovanpå ricottan.
e) Ringla honung över fikonen.
f) Strö färska timjanblad över tunnbrödet.
g) Grädda i förvärmd ugn i ca 8-10 minuter, eller tills kanterna är krispiga och osten genomvärmd.
h) Ta ut ur ugnen och låt svalna något innan du skivar och serverar. Njut av!

SALADER

55.Apelsin Och Fikonsallad

INGREDIENSER:
- 3 apelsiner, skalade och hackade
- 1/2 dl grovhackade färska eller torkade fikon
- 1/2 dl hackade valnötter
- 3 matskedar sötad flingad kokosnöt
- 1 msk färsk citronsaft
- 1 tsk socker
- 2 msk sötade torkade körsbär

INSTRUKTIONER:
a) Kombinera apelsiner, fikon och valnötter i en skål. Tillsätt kokos, citronsaft och socker.
b) Kasta försiktigt för att kombinera.
c) Strö över körsbären och servera.

56.Grillad fikon och halloumisallad

INGREDIENSER:
- 6 mogna fikon, halverade
- 8 uns halloumi ost, skivad
- 4 koppar blandade gröna
- ¼ kopp hackad färsk persilja
- ¼ kopp hackade valnötter
- 2 matskedar honung
- 2 matskedar olivolja
- 2 msk rödvinsvinäger
- Salt och svartpeppar

INSTRUKTIONER:
a) Förvärm grillen till medelhög värme.
b) Pensla fikonhalvorna och halloumiskivorna med olivolja och krydda med salt och svartpeppar.
c) Grilla fikonen och halloumin i 2-3 minuter på varje sida eller tills de är lätt förkolnade.
d) Ta bort från grillen och låt svalna.
e) I en stor skål, kombinera de blandade gröna, hackad persilja, hackade valnötter, grillade fikon och grillad halloumi.

57.Fikon, Skinka Och Nektarinsallad I Vinsirap

INGREDIENSER:
- ½ kopp torrt vitt vin
- ½ kopp vatten
- ¼ kopp socker
- 2 pints Färska gröna och/eller lila fikon; stammade
- 2 stora fast mogna nektariner
- ¼-pund) bit skinka eller prosciutto, skuren i strimlor
- Mintkvistar och/eller färska vindruvsblad till garnering

INSTRUKTIONER:
a) Koka upp vin och vatten med socker i en liten kastrull tills sockret löst sig, ca 3 minuter, och ta kastrullen från värmen. Kyl vinsirap något och kyl. Vinsirap kan göras 1 vecka i förväg och kylas, täckt.
b) Halvera fikon och skär nektariner i tunna klyftor. I en skål, släng försiktigt frukt med skinka eller prosciutto och hälften av vinsirapen.
c) Lägg upp salladen på ett fat och häll över den resterande vinsirapen.
d) Garnera salladen med mynta och/eller vindruvsblad.

58. Fikon Och Farro Sallad Med Kyckling

INGREDIENSER:
1 dl farro, tillagad enligt anvisningar på förpackningen
6-8 färska fikon, skakade och i fjärdedelar
2 dl tillagat kycklingbröst, strimlat eller tärnat
1/4 kopp skivad mandel, rostad
1/4 kopp smulad fetaost
2 msk hackad färsk persilja
Balsamvinägrettdressing
Salta och peppra efter smak

INSTRUKTIONER:
I en stor skål, kombinera kokt farro, kvartade fikon, kokt kycklingbröst, skivad mandel, smulad fetaost och hackad färsk persilja.

Ringla över balsamvinägrettdressing och rör försiktigt för att täcka.

Krydda med salt och peppar efter smak.

Servera kyld eller i rumstemperatur som en rejäl och smakrik huvudrättssallad.

59. Fikon & Kalkonsallad Med Currydressing

INGREDIENSER:

FÖR KLÄNINGEN:
- ⅔ kopp vegetabilisk olja
- ⅓ kopp cidervinäger
- 1 tsk currypulver
- 1 tsk kryddat salt
- ½ tsk Worcestershiresås
- ½ tesked strösocker
- 1 kopp fettfri salladsdressing (eller ersättning)

FÖR SALLAD:
- 1 liter Mesclun (eller 10 uns, torrt mått)
- 3 koppar Kokt kalkonbröstkött, skivat eller strimlat
- 1 kopp torkade fikon, i fjärdedelar på längden
- ⅔ kopp Tunt skivad selleri
- ⅓ kopp Skivad mandel, rostad (eller mer)
- 3 matskedar Skivad salladslök
- 1 ½ koppar oskalat rött äpple i tärningar (1 stort)

INSTRUKTIONER:

FÖR KLÄNINGEN:
a) I en burk med tättslutande lock, kombinera vegetabilisk olja, cidervinäger, currypulver, kryddat salt, Worcestershiresås och strösocker.
b) Täck burken och skaka den väl för att blanda dressingen. Skaka igen före användning.

FÖR SALLAD:
c) I en stor salladsskål, kombinera mesclun, kokt kalkon, torkade fikon, tunt skivad selleri, rostad mandel i skivor och skivad salladslök. Förvara denna blandning kall.
d) Precis innan servering, tillsätt det tärnade röda äpplet och den förberedda dressingen.
e) Rör ihop salladen försiktigt tills alla ingredienser är ordentligt blandade.
f) Servera salladen i individuella salladsskålar eller passera den stora skålen vid bordet.
g) Njut av din härliga fikon- och kalkonsallad med currydressing!

60.Melonsallad Med fikon

INGREDIENSER:
- 1 ½ koppar Vanlig fettfri eller mager yoghurt
- 2 matskedar honung
- 1 msk färsk limejuice
- 8 färska fikon, i fjärdedelar
- 1 liten honungsmelon, skalad, kärnad och skivad
- 4 tsk Hackade färska myntablad
- ¼ kopp hackade valnötter eller pekannötter

INSTRUKTIONER:
a) I en skål, kombinera vanlig nonfat eller mager yoghurt, honung och färsk limejuice. Blanda väl. Täck skålen och kyl yoghurtdressingen tills du ska servera.
b) Placera 8 kvartade fikon i en cirkel i mitten av 4 tallrikar.
c) Ordna de lagom stora bitarna av honungsmelon runt fikonen.
d) Strax före servering, sked den beredda yoghurtdressingen över frukten, ringla den jämnt.
e) Strö de hackade färska myntabladen och hackade valnötter eller pekannötter över salladen.
f) Njut av din uppfriskande melonsallad med fikon!

61. Fikon, Getost Och Valnötssallad

INGREDIENSER:
- 4 koppar blandade grönsaker (som ruccola, spenat eller blandade grönsaker)
- 6-8 färska fikon, skivade
- 1/2 kopp smulad getost
- 1/4 kopp valnötter, hackade
- Balsamvinägrettdressing

INSTRUKTIONER:
a) I en stor salladsskål, kombinera de blandade gröna.
b) Ordna de skivade fikonen ovanpå det gröna.
c) Strö över den smulade getosten och hackade valnötterna över salladen.
d) Ringla över balsamvinägrettdressing efter smak.
e) Blanda försiktigt och servera omedelbart.

62.Fikon, Prosciutto och Ruccolasallad

INGREDIENSER:
- 4 koppar baby ruccola
- 6-8 färska fikon, i fjärdedelar
- 4 skivor prosciutto, riven i lagom stora bitar
- 1/4 kopp rakad parmesanost
- Citronvinägrettdressing

INSTRUKTIONER:
a) I en stor salladsskål, tillsätt baby ruccola.
b) Strö de kvartade fikonen och den rivna prosciutton över ruccolan.
c) Strö över den rakade parmesanosten.
d) Ringla över citronvinägrettdressing.
e) Kasta försiktigt för att täcka allt jämnt och servera omedelbart.

63.Fikon, Quinoa och Kikärtssallad

INGREDIENSER:
- 1 kopp kokt quinoa, kyld
- 6-8 färska fikon, hackade
- 1 burk (15 oz) kikärter, avrunna och sköljda
- 1/4 kopp hackad färsk persilja
- 1/4 kopp smulad fetaost
- Citronörtsdressing

INSTRUKTIONER:
a) I en stor salladsskål, kombinera den kokta quinoan, hackade fikon, kikärter och hackad persilja.
b) Strö den smulade fetaosten över salladen.
c) Ringla över citronörtsdressing efter smak.
d) Blanda försiktigt för att blanda alla ingredienser jämnt.
e) Servera omedelbart eller kyl i kylen så att smakerna smälter ihop innan servering.

64. Fikon, Prosciutto och Mozzarella Caprese Sallad

INGREDIENSER:
- 4 mogna tomater, skivade
- 6-8 färska fikon, skivade
- 8 skivor prosciutto
- 8 oz färsk mozzarellaost, skivad
- Färska basilikablad
- Balsamico glasyr
- Olivolja
- Salta och peppra efter smak

INSTRUKTIONER:
a) Ordna tomatskivorna, fikonskivorna, prosciutto och mozzarellaostskivorna på ett serveringsfat och varva dem.
b) Stoppa in färska basilikablad mellan lagren.
c) Ringla olivolja och balsamicoglasyr över salladen.
d) Krydda med salt och peppar efter smak.
e) Servera omedelbart som en härlig aptitretare eller lätt måltid.

65. Fikon-, spenat- och pekannötssallad

INGREDIENSER:
- 6 dl babyspenatblad
- 6-8 färska fikon, skivade
- 1/2 kopp pekannötter, rostade och hackade
- 1/4 kopp smulad ädelost (valfritt)
- 1/4 kopp torkade tranbär (valfritt)
- Vinägrettdressing i lönn

INSTRUKTIONER:
a) I en stor salladsskål, kombinera babyspenatbladen, skivade fikon, rostade pekannötter, smulad ädelost och torkade tranbär.
b) Ringla över lönnvinägrettdressing efter smak.
c) Kasta försiktigt för att täcka alla ingredienser jämnt.
d) Servera genast som en uppfriskande och smakrik sallad.

66.Fikon-, Avokado- Och Räksallad

INGREDIENSER:
- 4 koppar blandad grönsallad
- 6-8 färska fikon, i fjärdedelar
- 1 mogen avokado, tärnad
- 1 lb kokta räkor, skalade och deveirade
- 1/4 kopp skivad mandel, rostad
- Citrusvinägrettdressing

INSTRUKTIONER:
a) I en stor salladsskål, kombinera de blandade salladsgrönsakerna, kvartade fikon, tärnad avokado, kokta räkor och skivad mandel.
b) Ringla över citrusvinägrettdressing efter smak.
c) Blanda försiktigt för att blanda alla ingredienser jämnt.
d) Servera omedelbart som ett mättande och näringsrikt salladsalternativ.

67.Fikon, Quinoa och Ruccolasallad

INGREDIENSER:
- 1 kopp kokt quinoa, kyld
- 6-8 färska fikon, skivade
- 4 koppar baby ruccola
- 1/4 kopp smulad getost
- 1/4 kopp rostade pinjenötter
- Citron-honungsdressing

INSTRUKTIONER:
a) I en stor salladsskål, kombinera den kokta quinoan, skivade fikon, baby ruccola, smulad getost och rostade pinjenötter.
b) Ringla över citron-honungsdressing efter smak.
c) Kasta försiktigt för att täcka alla ingredienser jämnt.
d) Servera omedelbart som ett levande och smakrikt salladsalternativ.

EFTERRÄTT

68.Limoncello fikon tårta med valnötskorpa

INGREDIENSER:

FÖR SKORPA:
- 1 ½ dl universalmjöl
- ½ dl valnötter, finhackade
- 1 msk färsk rosmarin, finhackad
- ½ kopp osaltat smör, kallt och i tärningar
- ¼ kopp strösocker
- ¼ tesked salt
- 2-3 matskedar isvatten

FÖR FYLLNING:
- ½ kopp limoncellolikör
- ¼ kopp strösocker
- 2 msk majsstärkelse
- ¼ tesked salt
- ¼ kopp vatten
- 1 tsk citronskal
- 12-15 färska fikon, skivade

INSTRUKTIONER:
a) Värm ugnen till 375°F (190°C). Smörj en tårtform med löstagbar botten.
b) I en matberedare, kombinera all-purpose mjöl, hackade valnötter, färsk rosmarin, strösocker och salt. Pulsera tills det är väl blandat.
c) Tillsätt det kalla, tärnade smöret i matberedaren och mixa tills blandningen liknar grova smulor.
d) Tillsätt isvattnet gradvis, 1 matsked i taget, pulsa tills degen går ihop.
e) Lägg över degen till en lätt mjölad yta och knåda den några gånger för att få ihop den.
f) Kavla ut degen till en cirkel som är tillräckligt stor för att passa din tårtaform.
g) Tryck ut degen i den förberedda tårtformen, se till att trycka den jämnt i botten och uppåt på sidorna.
h) I en kastrull, kombinera Limoncello-likör, strösocker, majsstärkelse, salt, vatten och citronskal.

i) Koka på medelvärme under konstant omrörning tills blandningen tjocknar och kokar upp.
j) Ta bort från värmen och låt blandningen svalna något.
k) Ordna de skivade fikonen på den beredda tårtskorpan.
l) Häll den något avsvalnade limoncelloblandningen över fikonen och se till att de täcker dem jämnt.
m) Grädda tårtan i den förvärmda ugnen i 25-30 minuter, eller tills skorpan är gyllene och fikonen mjuka.
n) Ta ut ur ugnen och låt den svalna innan du skär upp den.

69.Fryst fikonostkaka

INGREDIENSER:
- 1 kopp graham cracker smulor
- 1 kopp plus 2 matskedar strösocker
- 4 msk smör, smält
- 2 dl ricottaost, avrunnen
- 8 uns färskost
- 1 msk majsstärkelse
- 4 stora ägg
- 2 tsk vaniljextrakt
- Nypa salt
- ⅓ kopp fikonmarmelad

INSTRUKTIONER:
a) Värm ugnen till 340°F (171°C). Linda insidan av en 9-tums (23 cm) springform med aluminiumfolie. Spraya med nonstick matlagningsspray och ställ åt sidan.
b) I en liten skål, kombinera graham cracker smulor, 2 matskedar socker och smör. Tryck i botten av den förberedda pannan. Kyl i 30 minuter i kylen.
c) I en stor blandningsskål, tillsätt ricottaost, färskost, återstående 1 kopp socker och majsstärkelse. Blanda väl med en elektrisk mixer på medelhastighet. Tillsätt äggen ett i taget, vispa på låg hastighet efter varje tillsats. Tillsätt vaniljextrakt och salt och vispa på låg hastighet tills det är inkorporerat.
d) Ta bort skorpan från kylen. Häll smeten i skorpan. Snurra försiktigt fikonmarmelad i cheesecaken för en marmorerad effekt. Placera kastrullen i en större kastrull med varmt vatten så att springformen är halvt nedsänkt.
e) Grädda i 55 minuter till 1 timme. Kakan ska vara stel men ändå ha ett litet skak. Ta bort från den större pannan med vatten och svalna på ett galler tills den når rumstemperatur.
f) Skjut en smörkniv runt innerkanten av pannan för att skilja cheesecaken från pannan, och sedan lossa den yttre delen av pannan. Kyl i 1 timme och frys sedan i 4 timmar. Låt stå i rumstemperatur i 10 till 15 minuter innan du skivar och serverar.
g) Förvaring: Förvaras tätt insvept i plastfolie i frysen i upp till 1 månad.

70.Fikon med Zabaglione

INGREDIENSER:
FÖR ZABAGLIONE:
- 4 stora äggulor
- ½ kopp strösocker
- ½ dl sött dessertvin
- 1 tsk vaniljextrakt

FÖR FIGOR:
- 8 mogna fikon
- 1-2 matskedar honung, för duggregn (valfritt)
- Färska myntablad för garnering (valfritt)

INSTRUKTIONER:
FÖR ZABAGLIONE:
a) Vispa ihop äggulor och socker i en värmesäker skål tills de är väl blandade och lätt bleka.
b) Ställ skålen över en kastrull med sjudande vatten (dubbelkokare). Se till att botten av skålen inte rör vid vattnet.
c) Häll långsamt i det söta dessertvinet under kontinuerlig vispning. Fortsätt vispa tills blandningen blir tjock och skum, vilket bör ta ca 8-10 minuter. Den ska ha konsistensen som en vaniljsås.
d) Ta zabaglionen från värmen och rör ner vaniljextraktet. Låt den svalna till rumstemperatur.

FÖR FIGOR:
e) Skölj fikonen försiktigt och klappa dem torra med en ren kökshandduk.
f) Klipp av stjälkarna från fikonen och skär ett litet kors i toppen av varje fikon, ungefär halvvägs ner, för att skapa en liten ficka.
g) Lägg fikonen på ett serveringsfat eller enskilda desserttallrikar.

ATT TJÄNA:
h) Skeda den avsvalnade zabaglionen generöst över varje fikon.
i) Om så önskas, ringla lite honung över toppen av varje fikon och zabaglione för extra sötma.
j) Garnera med färska myntablad för en nyans av färg och en aning fräschör.
k) Servera omedelbart. Den varma zabaglionen passar vackert ihop med de färska, mogna fikonen.

71. Rosdoftande Bavarois med fikon

INGREDIENSER:
FÖR DE ROSDOFTANDE BAVAROIS:
- 4 äggulor
- 110 g strösocker
- 8 g gelatin (ca 4 ark)
- 250 ml helmjölk
- ¼ tesked ros eterisk olja
- 500ml dubbelkräm

FÖR DE POCHERADE FIGOR:
- 100 g strösocker
- 1 vaniljstång
- Skalat skal av 1 citron
- 16 mogna fikon
- Rosenbladssylt eller gelé (valfritt), att servera

INSTRUKTIONER:
FÖR DE ROSDOFTANDE BAVAROIS:
a) Klä 6 Dariole-formar eller ramekins med matfilm.
b) Lägg äggulor och strösocker i en bunke och vispa tills det blir ljust och pösigt.
c) Blötlägg gelatinet i kallt vatten och ställ åt sidan.
d) Koka upp mjölken på måttlig värme och häll den över ägguleblandningen. Häll sedan tillbaka blandningen i kastrullen och rör om på låg värme tills den tjocknar tillräckligt för att täcka baksidan av en sked. Avlägsna från värme.
e) Lyft upp det uppmjukade gelatinet ur vattnet, krama ur överflödig vätska och rör ner den i den varma vaniljsåsen tills den smält. Blanda i rosottooljan.
f) Ställ blandningen åt sidan för att svalna.
g) Vispa grädden till mjuka toppar och vänd ner den i vaniljsåsen.
h) Häll blandningen i de förberedda formarna, täck över och kyl tills den stelnat, cirka 2-3 timmar.

FÖR DE POCHERADE FIGOR:
i) Häll 800 ml vatten i en kastrull och tillsätt sockret.
j) Dela vaniljstången, skrapa ur fröna och rör ner dem i vattnet. Tillsätt det rivna citronskalet.

k) Rör om på måttlig värme tills sockret har löst sig, tillsätt sedan fikonen.
l) Pochera försiktigt i 8-10 minuter.
m) Lyft försiktigt ut fikonen och lägg dem i en serveringsskål.
n) Skruva upp värmen och koka pocheringsvätskan i 12-15 minuter eller tills den reducerats med cirka tre fjärdedelar.
o) Ta bort citronskalet från sirapen, svalna något och häll det över fikonen. Kyla.

ATT TJÄNA:
p) Vänd upp bavaroisen på serveringsfat och dra försiktigt bort plastfilmen.
q) Toppa med lite rosenbladssylt eller gelé, om du använder det, och lägg det pocherade fikonet på sidan.

72. Färsk fikonmousse

INGREDIENSER:
- 1½ kopp socker
- 1 kopp vatten
- 1 msk Starkt vaniljextrakt
- 1 Lång krull av apelsinskal
- 1 en-tums bit vaniljstång
- 6 Mogna fikon el
- 2 4 uns burkar med konserverade fikon
- 1 matsked gelatin
- ¼ kopp apelsinjuice
- 1½ kopp Creme konditori
- 1 kopp tung grädde
- 1 tsk Starkt vaniljextrakt
- 3 äggvitor
- 1 nypa salt
- 1 matsked strösocker
- Ljusskal apelsin för rivning

INSTRUKTIONER:

a) Lägg socker och vatten i en kastrull; koka upp. När blandningen kokar, minska värmen och tillsätt 1 matsked vanilj, apelsinskal och vaniljstång. Koka i cirka 10 minuter tills blandningen blir sirapslik och tjock. Tillsätt hela fikon och pochera dem i cirka 25 minuter eller tills de är gaffelmöra. Häftigt.

b) Ta bort fikonen och lägg sirap, apelsinskal, vaniljstång och vanilj i en kastrull med 3 till 4 matskedar vatten. Koka upp i 1 till 2 minuter. Lägg tillbaka fikonen i den varma sirapen; bestryk dem väl med glasyr och svalna.

c) I en liten skål, kombinera gelatinet med apelsinjuice och lägg det över en kastrull med inte riktigt sjudande vatten. Rör om blandningen väl tills gelatinet löst sig helt. När vätskan är ganska sirapslik och inte längre grynig, lägg till den kylda fikonblandningen.

d) Ta bort ett fikon för en sista garnering senare och lägg sedan den andra frukten, apelsinskalet och sirapen i en mixerburk. Skär vaniljstången i mitten med en vass kniv och skrapa ner fröna, på måfå, i blandningen. Mixa på hög hastighet i ungefär en minut eller tills blandningen blir en tjock honungsfärgad puré.

e) Kombinera den kylda fikonpurén med creme konditori i en stor mixerskål.

f) I en kyld skål, vispa tjock grädde med 1 tsk vaniljextrakt. Vispa grädden tills den håller formen väl, men övervispa inte.

g) Pudra äggvitorna med en nypa salt och vispa dem till ett fint skum. När det bildas mjuka toppar, strö över en matsked strösocker och vispa dem sedan hårt tills de håller formen.

h) Kombinera fikonblandningen med den vispade grädden, arbeta försiktigt ner grädden i vaniljsåsen med en stor gummiskålskrapa. Vänd genast i äggvitornas drivor.

i) Lägg i en skål och ställ i kylen i cirka 4 till 5 timmar. Strax före servering, riv skalet av den ljusa apelsinen över hela ytan.

j) Skär det reserverade fikonet i tunna strimlor och ring sidorna av moussen med dem.

73.Pavlova Med Fikon Och Granatäpple

INGREDIENSER:
- Pavlova med fikon och granatäpple
- 6 äggvitor
- nypa grädde av tandsten
- 1 ½ kopp (330 g) strösocker
- 1 msk majsmjöl
- 1 ½ tesked vit vinäger
- 2 tsk vaniljextrakt
- 1 (320g) granatäpple
- 1 ¾ kopp (430 ml) förtjockad grädde
- 6 svarta eller gröna fikon, rivna på mitten
- 125 gram hallon, halverade

INSTRUKTIONER:
a) Värm ugnen till 120°C. Markera en rektangel på 16 cm x 32 cm, eller två cirklar med en diameter på 21 cm, på bakplåtspapper. Vänd upp papperet på en lätt smord stor ugnsplåt.

b) Vispa äggvitor och grädde av tartar i en medelstor skål med en elektrisk mixer tills mjuka toppar bildas. Tillsätt gradvis socker, vispa tills sockret löser sig mellan tillsatserna. Vänd snabbt ner siktat majsmjöl, vinäger och vanilj.

c) Bred ut marängen till en rektangel eller cirkel på bakplåtspapper, bygg upp på sidorna. Slät topp och sida(r) av pavlova. Grädda i 1½ timme eller tills den är torr. Stäng av ugnen; kyl marängen i ugnen med luckan på glänt.

d) Ta bort frön från granatäpple; reservera frön. Vispa grädden tills mjuka toppar bildas.

e) Strax före servering, skeda grädde över pavlova och toppa med fikon, hallon och granatäpplekärnor. Om du använder två runda pavlovor, lägg hälften av grädden mellan varven, toppa sedan pavlovan med den återstående grädden, sedan frukt och frön.

74.Fikon, honung och ricotta Semifreddo

INGREDIENSER:

- 200 g färska fikon, hackade
- 2 matskedar honung
- 250 g ricottaost
- 200ml tung grädde
- 100 g strösocker
- 1 tsk vaniljextrakt
- ¼ kopp hackade pistagenötter (valfritt, för garnering)

INSTRUKTIONER:

a) Blanda de hackade fikonen och honungen i en liten kastrull. Koka på medelvärme i cirka 5 minuter, eller tills fikonen är mjuka och honungen har tjocknat något. Ta bort från värmen och låt den svalna helt.

b) I en blandningsskål, kombinera ricottaost, tjock grädde, strösocker och vaniljextrakt. Vispa med elmixer eller vispa tills blandningen blir slät och krämig.

c) Vänd försiktigt ner den avsvalnade fikon- och honungsblandningen i ricottablandningen tills den är väl blandad.

d) Häll semifreddoblandningen i en brödform eller enskilda portionsformar. Jämna till toppen med en spatel.

e) Valfritt: Strö de hackade pistagenötterna ovanpå för extra crunch och smak.

f) Täck pannan eller faten med plastfolie och ställ i frysen i minst 6 timmar eller över natten tills de är fasta.

g) För att servera, ta ut semifreddo från frysen och låt den stå i rumstemperatur i några minuter för att mjukna något. Skiva eller ös upp semifreddo och servera i individuella rätter.

h) Garnera med ytterligare färska fikon eller en klick honung, om så önskas. Njut av din läckra fikon, honung och ricotta semifreddo!

75. Fikon Och Balsamic Pot De Crème

INGREDIENSER:
- 2 koppar tung grädde
- ½ kopp strösocker
- 6 stora äggulor
- 1 tsk vaniljextrakt
- 1 dl färska fikon, hackade
- 2 matskedar balsamico reduktion
- Färska fikon och en klick balsamico för garnering

INSTRUKTIONER:
a) Värm grädden och sockret i en kastrull tills det börjar sjuda.
b) Rör ner de hackade färska fikonen.
c) Ta av från värmen och låt dra i 15 minuter.
d) I en separat skål, vispa ihop äggulorna och vaniljextraktet tills det är slätt.
e) Häll långsamt den varma fikoninfunderade gräddblandningen i äggulorna under kontinuerlig vispning.
f) Rör ner balsamicoreduktionen.
g) Häll blandningen i individuella kastruller de creme cups och kyl i minst 4 timmar innan servering.
h) Garnera med färska fikon och en klick balsamico före servering.

76. Blåmögelost Och Fikon Gelato Affogato

INGREDIENSER:
BLUE OST OCH FIG GELATO:
- 2 dl helmjölk
- 1 kopp tung grädde
- ¾ kopp strösocker
- 4 stora äggulor
- 4 uns ädelost, smulad
- 1 dl torkade fikon, finhackade
- 1 tsk vaniljextrakt

AFFOGATO
- 1 skopa ädelost och fikongelato
- 1 shot (ca 1-2 uns) nybryggd espresso
- Valfritt: en klick honung till garnering

INSTRUKTIONER:
BLUE OST OCH FIG GELATO:
a) Blanda mjölken och grädden i en kastrull. Värm på medelvärme tills det börjar ånga, rör om då och då. Låt det inte koka.
b) I en separat skål, vispa ihop socker och äggulor tills det är väl blandat.
c) Häll långsamt den varma mjölk- och gräddblandningen i äggulorna, vispa hela tiden för att temperera äggen.
d) Häll tillbaka blandningen i kastrullen och koka på medelhög värme, under konstant omrörning, tills den tjocknar och täcker baksidan av en sked. Detta bör ta cirka 5-7 minuter.
e) Ta kastrullen från värmen och rör ner den smulade ädelosten tills den är helt smält och införlivad.
f) Rör ner de hackade torkade fikonen och vaniljextraktet tills de är väl blandade.
g) Låt blandningen svalna till rumstemperatur, täck sedan över och ställ i kylen i minst 4 timmar eller över natten för att kyla och utveckla smakerna.
h) När den är kyld, häll blandningen i en glassmaskin och kärna enligt tillverkarens anvisningar tills gelatoen når en mjuk konsistens.
i) Överför gelatoen till en behållare med lock och frys i minst 4 timmar eller tills den är fast.

AFFOGATO

j) Lägg en skopa ädelost och fikongelato i ett serveringsglas eller skål.
k) Brygg en shot espresso med en espressomaskin eller någon av de alternativa bryggmetoderna som nämnts tidigare.
l) Häll den varma espresson över skopan ädelost och fikongelato.
m) Valfritt: Ringla lite honung ovanpå för en touch av sötma och garnering.
n) Servera Blue Cheese och Fig Gelato Affogato omedelbart och njut av den unika kombinationen av den krämiga, välsmakande blåmögelostgelatoen med de söta, fruktiga toner av fikon, förstärkt av espresson.

77.Gyllene fikonis Med Rom

INGREDIENSER:
- 150g ätfärdiga torkade fikon
- 250 g kartong mascarponeost
- 200 g kartong grekisk yoghurt
- 2 msk ljust muscovadosocker
- 2 msk mörk rom

INSTRUKTIONER:
a) Lägg fikonen i en matberedare eller mixer. Tillsätt mascarponeost, yoghurt, socker och rom. Mixa tills det är slätt, skrapa ner sidorna vid behov.
b) Täck över och kyl i cirka 30 minuter tills den är kall.
c) Häll blandningen i glassmaskinen och frys in enligt instruktionerna.
d) Överför till en lämplig behållare och frys tills det behövs.

78. Bourbon rökt fikonglass

INGREDIENSER:

FÖR GASSEN:
- ½ kopp lättpackat bourbonrökt socker
- ¼ vaniljstång delad på längden och skrapad
- ⅛ tesked fint havssalt
- 1 ¼ koppar helmjölk
- 1 ¼ koppar tung grädde
- 4 stora äggulor
- 1 recept Bourbon fikonsmör

FÖR FIKSMÖRET:
- 1 ½ koppar packade hackade färska fikon
- ¼ kopp ekologiskt strösocker
- 6 matskedar bourbon whisky
- nypa fint havssalt

INSTRUKTIONER:

FÖR GASSEN:
a) I en medelstor, tjockbottnad kastrull, kombinera socker, vaniljstång, skrap, salt och mjölk. Värm över medelhög låga, rör om ofta, tills mjölken är ångande varm. Häll under tiden grädden i en stor, värmetålig skål och lägg en sil över toppen. Lägg äggulorna i en medelstor skål och lägg skålen på en fuktig handduk.

b) När mjölken är varm, vispa ner den långsamt i äggulorna, vispa hela tiden så att äggen inte stelnar. Häll tillbaka blandningen i grytan och koka över låg låga, rör hela tiden med en flexibel värmesäker spatel, tills vaniljsåsen börjar "fastna"

c) Häll genast vaniljen genom silen och i den kalla grädden för att stoppa tillagningen. Överför till kylen och kyl tills den är väldigt kall, minst 4 timmar och upp till 1 dag.

d) När basen är kall, kärna den i din glassmaskin enligt tillverkarens anvisningar.

e) Placera en stor brödform i frysen för att kyla. När glassen har kärnat, skrapa ner ⅓ av glassen i pannan. Pricka med ⅓ av fikonpurén. Upprepa med den återstående glassen och fikonsmöret, arbeta snabbt så att glassen inte smälter, använd sedan en ätpinne eller kniv för att virvla det översta lagret. Frys tills den är hård, 2 timmar och upp till flera veckor. För längre förvaring, tryck en bit bakplåtspapper mot ytan av glassen för att förhindra att iskristaller bildas och linda in den tätt.

FÖR FIKSMÖRET:
f) Kombinera de hackade fikonen, sockret, whiskyn och salt i en medelstor, tjockbottnad kastrull. Låt sjuda på medelvärme, sänk sedan värmen till låg och låt sjuda tills blandningen är tjock och syltig, cirka 10 minuter, rör om ofta. Låt svalna något och kör sedan fikonblandningen genom en matkvarn för att ta bort skalet. Kyl lufttätt tills det behövs, upp till 1 vecka.

79. Fig Och Mascarpone Is

INGREDIENSER:
- 410g burk fikon i sirap
- 250 g kartong mascarponeost
- 3 matskedar klar honung
- 2 tsk färsk citronsaft

INSTRUKTIONER:
a) Låt fikonen rinna av och ta bort de hårda ändarna av stjälkarna.
b) Lägg fikonen i en matberedare eller mixer och tillsätt mascarpone, honung och citronsaft. Mixa tills det är slätt.
c) Täck över och kyl i cirka 30 minuter tills den är kall.
d) Häll blandningen i glassmaskinen och frys in enligt instruktionerna.
e) Överför till en lämplig behållare och frys tills det behövs.

KRYDDER

80. Konserverade fikon

INGREDIENSER:
- Fikon (inte för mogna)

INSTRUKTIONER:

a) Börja med att tvätta fikonen noggrant.
b) Lägg de tvättade fikonen i en kastrull, täck dem med vatten och låt vattnet koka upp. Koka fikonen i 2 minuter.
c) Häll av fikonen, men var noga med att rädda vattnet från att koka.
d) För att göra en tunn sirap, använd vattnet som du sparade från att koka fikonen. Koka upp detta vatten.
e) Lägg tillbaka fikonen i sirapen och koka dem i ytterligare 5 minuter.
f) Om du föredrar en sötare produkt kan du göra en tung sirap genom att blanda vatten och socker i lika delar. Tillsätt eventuellt några skivor citron i sirapen.
g) Koka fikonen i den tunga sirapen eller sirapen med tillsatta citronskivor i ytterligare 5 minuter.
h) Packa de varma, kokta fikonen i burkar, fyll dem upp till ½ tum från toppen med förkokningssirapen.
i) Förslut burkarna genom att sätta lock på dem och skruva fast banden ordentligt.
j) Dina konserverade fikon är nu redo att avnjutas eller förvaras för senare användning!

81. Torkad fikonsylt

INGREDIENSER:

- 28 uns torkade fikon (hemgjorda eller kommersiella)
- 5 koppar vatten
- ½ kopp färsk citronsaft
- 3 koppar socker
- Frön från pressade citroner
- 1 tsk Mald kardemumma
- 1 msk mörk rom

INSTRUKTIONER:

a) Lägg de torkade fikonen i en 4-liters kruka. Tillsätt allt vatten, täck grytan och låt koka upp. När det kokar, ta bort grytan från värmen och låt fikonen stå i vattnet i minst en timme för att fylla dem. Använd en hålslev för att ta bort fikonen från vattnet, men se till att reservera vattnet.

b) Skär bort stjälkarna från fikonen med en sax och hacka dem grovt för hand eller i en matberedare.

c) Tillsätt citronsaft och socker i det fikoninfunderade vattnet. Koka upp blandningen, sänk sedan värmen och låt det puttra i 5-10 minuter.

d) Bunta citronfröna i en bit ostduk och släpp den i det fikoninfunderade vattnet. Tillsätt de hackade fikonen i blandningen.

e) Koka upp fikonmarmeladen igen och låt puttra i 15-20 minuter tills den tjocknar något. Ta bort grytan från värmen.

f) Ta bort ostduksbunten med citronfrön. Rör ner den mörka rommen och malda kardemumman tills den är väl blandad.

g) Häll sylten i 1-liters burkar (½ pint-burkar fungerar också), lämna ett ¼-tums huvudutrymme. Förslut burkarna enligt tillverkarens anvisningar.

h) Bearbeta de förslutna burkarna i ett kokande vattenbad i 15 minuter.

i) Njut av din hemmagjorda torkade fikonsylt!

82. Kanderade fikon

INGREDIENSER:
- Färska gröna mogna fikon, tillräckligt för att fylla din elektriska stekpanna (inte övermogna)
- 1 tsk bakpulver
- 1¼ koppar äppelcider
- 3 koppar socker

INSTRUKTIONER:
a) Börja med att koka lite vatten i en medelstor kastrull och tillsätt 1 tsk bakpulver till den.
b) Häll denna blandning över de färska fikonen och låt dem dra i cirka fem minuter. Se till att vattnet helt täcker fikonen och vänd dem försiktigt för att se till att de blötläggs jämnt.
c) Häll av och skölj fikonen noggrant och lägg dem sedan i den elektriska stekpannan.
d) Kombinera äppelcidern och sockret i en liten kastrull och låt blandningen koka upp.
e) Häll den varma cider- och sockerblandningen över fikonen i stekpannan.
f) Täck stekpannan och koka fikonen i 1 timme vid 250°F (120°C).
g) Låt de kanderade fikonen svalna och låt dem stå över natten.
h) Nästa dag kokar du fikonen i ytterligare en timme utan lock.
i) Kyl fikonen en gång till och låt dem stå över natten.
j) På den tredje dagen kokar du fikonen i ytterligare 1 timme och låt dem sedan svalna.
k) När de kanderade fikonen är svalna, arrangera dem på en plåt. Låt dem stå i 2 eller 3 dagar, vänd dem en eller två gånger för att säkerställa jämn torkning.
l) Efter att de har torkat tillräckligt, packa de kanderade fikonen mellan lager av vaxat papper. Förvara dem i kylen tills alla är uppätna.
m) Njut av dina hemgjorda kanderade fikon!

83. Tranbär-fikon Chutney

INGREDIENSER:
- 4 dl tranbär, grovt hackade
- 1 en-tums knopp ingefära rot, skalad och finstrimlad
- 1 stor navelapelsin, tärnad och finhackad
- 1 liten lök, fint tärnad
- ½ kopp torkade vinbär
- 5 Torkade fikon, finklippta (Calamyrna eller Black Mission)
- ½ kopp valnötter, rostade och grovt hackade
- 2 msk senapsfrön
- 2 msk cidervinäger
- ¾ kopp Bourbon eller skotsk whisky (valfritt)
- 1½ koppar ljust farinsocker
- 2 tsk mald kanel
- 1 tsk Malen muskotnöt
- ½ tsk Malen kryddnejlika
- ½ tsk salt
- ⅛ tesked cayennepeppar

INSTRUKTIONER:
a) I en 4-liters kastrull, kombinera de grovhackade tranbären, finstrimlad ingefära, finhackad navelapelsin, tärnad lök, torkade vinbär, klippta torkade fikon, rostade och hackade valnötter, senapsfrön, strimlad ingefära, cidervinäger (om och whiskey) använder sig av).
b) Blanda brunt socker, kanel, muskotnöt, kryddnejlika, salt och cayennepeppar i en liten skål.
c) Tillsätt de torra ingredienserna från den lilla skålen i kastrullen med övriga ingredienser. Rör om för att kombinera allt.
d) Värm blandningen tills den kokar upp.
e) Sänk värmen och låt chutneyn sjuda i 25-30 minuter, rör om ofta.
f) När den är klar, låt chutneyn svalna och kyl den sedan i upp till 2 veckor. Alternativt kan den frysas i upp till 1 år.
g) Njut av din läckra tranbärsfikonchutney!

84. Fikon, rosmarin och rödvinssylt

INGREDIENSER:
- 1 ½ dl Merlot eller annat fruktigt rött vin
- 2 msk färska rosmarinblad
- 2 dl finhackade färska fikon
- 3 msk klassisk pektin
- 2 msk citronsaft på flaska
- 2 ½ koppar socker

INSTRUKTIONER:
a) Låt rödvinet och de färska rosmarinbladen sjuda i en liten kastrull av rostfritt stål eller emaljerad.
b) Stäng av värmen, täck kastrullen och låt dra i 30 minuter.
c) Häll det genomsyrade vinet genom en sil av fint trådnät i en 4-liters kastrull av rostfritt stål eller emaljerad. Släng rosmarinbladen.
d) Rör ner de finhackade fikonen, klassisk pektin och citronsaft på flaska.
e) Koka upp blandningen på hög värme under konstant omrörning.
f) Tillsätt sockret, fortsätt att röra tills det är helt upplöst.
g) Återställ blandningen till en full rullande koka och låt den koka hårt i 1 minut, igen under konstant omrörning.
h) Ta kastrullen från värmen och skumma av eventuellt skum vid behov.
i) Fortsätt med att konservera eller förvara sylten i steriliserade burkar.

COCKTAILS

85.Calvados Teardrop Mocktail

INGREDIENSER:
- 1½ uns äppeljuice
- ½ uns citronsaft
- Rökt fikon enkel sirap
- ⅛ pund turkiska fikon, torkade och tärnade
- ¼ pund missionsfikon, torkade och tärnade

INSTRUKTIONER:
a) I en shaker, röra fikon.
b) Tillsätt is, äppeljuice, citronsaft och rökt enkel sirap.
c) Skaka kraftigt.
d) Sila upp i ett kylt glas.

86.Fikon Och Rosmarin Infunderat Vatten

INGREDIENSER:

- 4-6 färska fikon, skakade och halverade
- 2-3 kvistar färsk rosmarin
- 1 liter (4 koppar) vatten
- Isbitar

INSTRUKTIONER:

a) Kombinera de halverade fikonen och färska rosmarinkvistar i en stor kanna.
b) Fyll kannan med vatten.
c) Täck över och ställ i kylen i minst 4 timmar, eller över natten, så att smakerna kan tränga in.
d) Servera kyld över isbitar.
e) Eventuellt kan du garnera varje glas med ytterligare fikonskivor och rosmarinkvistar för en elegant presentation. Njut av den subtilt infunderade smaken av fikon och rosmarin i ditt uppfriskande vatten.

87.Grapefrukt, fikon och fjärilsärta Kefir

INGREDIENSER:
- 1 L vatten
- ¼ kopp socker
- 30 ml vattenkefirkorn
- 1 torkat fig
- 1 ekologisk citronskiva
- 3 msk fjärilsärtblomma
- ¾ kopp grapefruktjuice

INSTRUKTIONER:
JÄSNING AV VATTEN KEFIR
a) I burken, häll 1L vatten. Tillsätt sockret och rör om så att det löser sig.
b) Tillsätt vattenkefirkornen, fikonet och citronskivan.
c) Täck burken med en bomullsduk och fäst den med ett gummiband.
d) Låt den jäsa i 24 till 48 timmar i rumstemperatur, eller tills fikon har stigit till ytan.
e) Filtrera blandningen och spara vätskan. Lägg åt sidan kornen för ditt nästa recept.

INFUSION OCH SMAK
f) Tillsätt de blå ärtblommorna i vattenkefiren.
g) Låt stå i kylen över natten.
h) Ta bort ärtblommorna och tillsätt grapefruktjuicen.
i) Blanda noggrant.

TAPPNING
j) Flaska den smaksatta kefiren i trycktåliga flaskor.
k) Låt den stå i rumstemperatur tills du vill ha bruset.
l) Kyl och njut!

88.Färska fikon Curacao

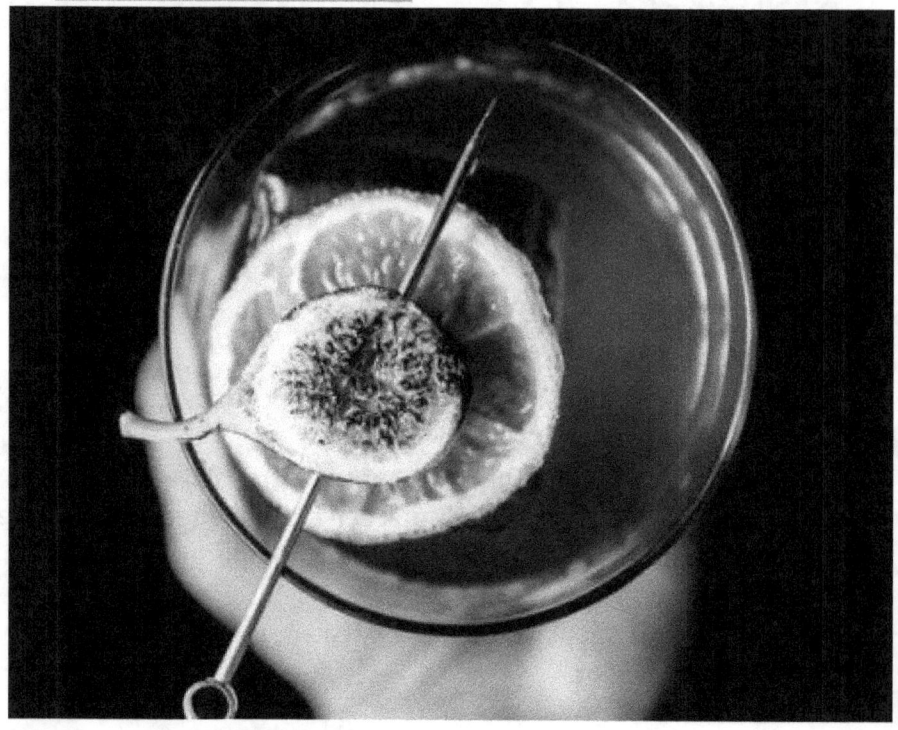

INGREDIENSER:
- 12 Fikon , skalade och delade i fjärdedelar
- 1 matsked konjak
- 1 kopp Tung grädde, vispad
- ⅓ kopp Curacao

INSTRUKTIONER:
a) Marinera fikonen i konjaken i 30 minuter eller längre.
b) Blanda grädden och Cura ca.
c) Vik in fikonen.

89.Fikon & Grand Marnier likör

INGREDIENSER:

- ¼ uns enkel sirap
- ¾ uns Grand Marnier
- ½ uns färsk apelsinjuice
- 2 uns fikoninfunderad konjak
- ½ uns färsk citronsaft

INSTRUKTIONER:

a) Kombinera konjaken, Grand Marnier, citronsaft, apelsinjuice och enkel sirap.
b) Skaka ordentligt och dra i några timmar.
c) Dubbelsila i ett glas.

90.Fikon Och Lavendel Lemonad

INGREDIENSER:
- 6-8 färska fikon, skakade och i fjärdedelar
- 1 kopp färsk citronsaft
- 1/2 kopp honung
- 6 koppar vatten
- 2-3 kvistar färsk lavendel (valfritt)
- Isbitar

INSTRUKTIONER:
a) Kombinera färska fikon, citronsaft, honung och vatten i en kastrull.
b) Låt blandningen sjuda försiktigt på medelvärme, rör om då och då tills honungen lösts upp.
c) Ta bort från värmen och låt den svalna till rumstemperatur.
d) När den svalnat, sila blandningen genom en finmaskig sil till en kanna för att ta bort fikonbitarna.
e) Kyl lemonaden i kylen tills den är kall.
f) Servera över isbitar och garnera med färska lavendelkvistar om så önskas.

91.Hallon Och Fikonlimeade

INGREDIENSER:
- 1 dl hallon
- 1 lime, skivad
- 2 torkade fikon, grovt hackade
- 3 basilikablad, grovt hackade
- 8 dl källvatten

INSTRUKTIONER:
a) Lägg alla ingredienser i din glasburk.
b) Kyl och låt dra i minst 1 timme.

92.Fikon Och Honung Smoothie

INGREDIENSER:
- 6-8 färska fikon, skakade och i fjärdedelar
- 1 mogen banan, skalad och skivad
- 1 dl grekisk yoghurt
- 1 msk honung
- 1/2 kopp mandelmjölk (eller valfri mjölk)
- Isbitar

INSTRUKTIONER:
a) I en mixer, kombinera färska fikon, skivad banan, grekisk yoghurt, honung och mandelmjölk.
b) Tillsätt en näve isbitar.
c) Mixa tills det är slätt och krämigt.
d) Häll upp i glas och servera genast.

93.Fikon Och Ingefära Iced Tea

INGREDIENSER:
- 4-6 färska fikon, skakade och halverade
- 4 koppar vatten
- 4 svarta tepåsar
- 1-tums bit färsk ingefära, skivad
- Honung eller socker efter smak
- Citronskivor (valfritt)

INSTRUKTIONER:
a) Koka upp vattnet i en kastrull.
b) Tillsätt de svarta tepåsarna och skivad ingefära i det kokande vattnet.
c) Sänk värmen och låt det puttra i 5 minuter.
d) Ta bort från värmen och låt svalna något.
e) Blanda de halverade fikonen i en kanna.
f) Häll det bryggda teet över de röriga fikonen.
g) Rör i honung eller socker efter smak.
h) Kyl teet i kylen tills det är kallt.
i) Servera över is med citronskivor om så önskas.

94. Kardemumma-fikonbrännvin

INGREDIENSER:
- 2 hela kardemummakapslar
- 1 dl torkade eller färska fikon, halverade
- 32 uns konjak

INSTRUKTIONER:
a) Kombinera alla ingredienser.
b) Täck dem ordentligt och låt dem dra på en sval, mörk plats i minst 2 dagar.

95. Fikon och mynta Mojito

INGREDIENSER:

- 6-8 färska fikon, skakade och i fjärdedelar
- 1/4 kopp färska myntablad
- 2 msk limejuice
- 2 matskedar enkel sirap
- 1/4 kopp vit rom
- Club soda
- Isbitar

INSTRUKTIONER:

a) Blanda de färska fikonen och myntabladen i en cocktailshaker.
b) Tillsätt limejuice, enkel sirap och vit rom i shakern.
c) Fyll shakern med isbitar.
d) Skaka väl tills den är kall.
e) Sila blandningen i glas fyllda med is.
f) Toppa varje glas med club soda.
g) Garnera med ytterligare myntablad och fikonskivor om så önskas.
h) Servera direkt och njut av din uppfriskande fikonmojito!

96.Fikon Och Vaniljböna Smoothie

INGREDIENSER:
- 6-8 färska fikon, skakade och halverade
- 1 dl grekisk vaniljyoghurt
- 1 mogen banan, skalad och skivad
- 1/2 tsk vaniljextrakt eller frön från 1 vaniljstång
- 1/2 kopp mandelmjölk (eller valfri mjölk)
- Isbitar

INSTRUKTIONER:
a) I en mixer, kombinera färska fikon, grekisk vaniljyoghurt, skivad banan, vaniljextrakt eller frön och mandelmjölk.
b) Tillsätt en näve isbitar.
c) Mixa tills det är slätt och krämigt.
d) Häll upp i glas och servera genast.

97. Fikon Och Kanel Infunderat Iced Tea

INGREDIENSER:
- 6-8 färska fikon, skakade och halverade
- 4 koppar vatten
- 4 svarta tepåsar
- 1 kanelstång
- 1/4 kopp honung eller socker (valfritt)
- Citronskivor (valfritt)
- Isbitar

INSTRUKTIONER:
a) Koka upp vattnet i en kastrull.
b) Tillsätt de svarta tepåsarna och kanelstången i det kokande vattnet.
c) Sänk värmen och låt det puttra i 5 minuter.
d) Ta bort från värmen och låt svalna något.
e) Blanda de halverade fikonen i en kanna.
f) Häll det bryggda teet över de röriga fikonen.
g) Rör i honung eller socker efter smak om så önskas.
h) Kyl teet i kylen tills det är kallt.
i) Servera över is med citronskivor om så önskas. Njut av ditt uppfriskande och subtilt kryddade fikon- och kanelinfunderade iste!

98.Fikon Och Kokosvatten Smoothie

INGREDIENSER:
- 6-8 färska fikon, skakade och halverade
- 1 dl kokosvatten
- 1/2 dl vanlig grekisk yoghurt
- 1 matsked honung (valfritt)
- 1/2 tsk vaniljextrakt
- Isbitar

INSTRUKTIONER:
a) I en mixer, kombinera färska fikon, kokosvatten, grekisk yoghurt, honung (om du använder) och vaniljextrakt.
b) Tillsätt en näve isbitar.
c) Mixa tills det är slätt och krämigt.
d) Häll upp i glas och servera genast.

99.Fikon Och Basilika Lemonad

INGREDIENSER:
- 6-8 färska fikon, skakade och i fjärdedelar
- 1 kopp färsk citronsaft
- 1/2 kopp socker
- 1/4 kopp färska basilikablad, rivna
- 4 koppar vatten
- Isbitar

INSTRUKTIONER:
a) Kombinera färska fikon, citronsaft, socker, basilikablad och vatten i en kastrull.
b) Låt blandningen sjuda på medelvärme, rör om då och då tills sockret lösts upp.
c) Ta bort från värmen och låt den svalna till rumstemperatur.
d) När den svalnat, sila blandningen genom en finmaskig sil till en kanna för att ta bort fikonbitarna och basilikabladen.
e) Kyl lemonaden i kylen tills den är kall.
f) Servera över isbitar. Garnera med färska basilikablad eller fikonskivor om så önskas.

100.Tonic för fikon och äppelcidervinäger

INGREDIENSER:
- 6-8 färska fikon, skakade och halverade
- 2 msk äppelcidervinäger
- 1 msk honung
- 4 koppar vatten
- Isbitar

INSTRUKTIONER:
a) I en kanna, kombinera färska fikon, äppelcidervinäger, honung och vatten.
b) Rör om väl för att kombinera.
c) Kyl blandningen i kylen i minst 1 timme så att smakerna smälter.
d) Servera över isbitar. Njut av denna uppfriskande och lätt syrliga fikon- och äppelcidervinäger-tonic!

SLUTSATS

När vi kommer till slutet av "DEN VÄSENTLIGA FIGON KOOKBOKEN", hoppas vi att du har blivit inspirerad att omfamna fikonens skönhet och mångsidighet i dina matlagningsäventyr. Oavsett om de avnjuts färska, torkade eller tillagade, har fikon ett sätt att ingjuta rätter med sin oemotståndliga sötma och nyanserade smakprofil. När du fortsätter att utforska världen av fikoncentrerad mat, kan varje recept du provar föra dig närmare att upptäcka de oändliga möjligheter som denna ödmjuka frukt har att erbjuda.

När de sista sidorna i denna kokbok har vänts och dofterna av fikonfyllda skapelser hänger kvar i ditt kök, vet att resan inte slutar här. Dela din kärlek till fikon med vänner och familj, experimentera med nya smakkombinationer och låt fantasin flöda när du skapar dina egna fikoninspirerade mästerverk. Och när du återigen känner dig sugen på den tröstande omfamningen av fikon, kommer "DEN VÄSENTLIGA FIGON KOOKBOKEN" att finnas här, redo att guida dig på ditt kulinariska uppdrag.

Tack för att du följde med oss på denna smakrika resa genom fikonens värld. Må ditt kök fyllas med den söta aromen av fikon, ditt bord med läckra fikonfyllda läckerheter och ditt hjärta med glädjen av kulinarisk utforskning. Tills vi ses igen, glad matlagning och god aptit!

www.ingramcontent.com/pod-product-compliance
Lightning Source LLC
Chambersburg PA
CBHW070355120526
44590CB00014B/1137